写真・小林庸浩

続　あなたのために

お粥は日本のポタージュです

辰巳芳子

文化出版局

2

ジョルジョ　モランディ様

あれから　あなた様は
私の立ち仕事と書き仕事を
あくことなく守ってくださいました。

お作品の「静物画」を示しながら
静かに立っていてくださった。
おかげさまで、今日があります。
表紙にご登場いただいたのは
せめてものの感謝のしるしでございます。

モランディ様、いつの日にか
お目にかかりとうございます。
聖母マリア様のおそばでね。
それが、かないますよう。
Grazie molto.

「モランディの芸術性は私を支えてくれましたね。モランディは卓上の瓶や容器、花瓶など同じものを繰り返し描きます。私たちが大根やにんじんを触るのと一緒です。一点一画をおろそかにしない姿勢を私たちに指し示してくれています」モランディの静物画に惹かれるわけを、辰巳芳子さんはこう語る。

ジョルジョ　モランディ
Giorgio Morandi
一八九〇年イタリアに生まれる。画家。生れ故郷のボローニャを終生離れず七四年の生涯を過ごす。静物と風景という限られた主題の繰返し、色彩と形とが響き合う静謐な作品で知られる。

スープとお粥の意義

二〇〇二年『あなたのために』の初版に、「スープに託す」と題して前書きを書きました。スープの意味を「おつゆ——露」に喩え、それをその内容につなげようとしています。あれから十数年、スープの力を見守り続けてまいりました。

また、多くの方々から、スープを巡る「生死」の報告・感想をいただき、それは引出しに溢れております。

食べものの分野でおむすび以外、こうした言葉を贈られる例は少ないかもしれません。

スープが生死に対応できるのは、何故でしょう。

おそらく、それはその調理法のゆえでしょう。即ち「扱う食材の持つくせを抑え、よいところだけ」を引き出そうとする方法・技術に由来すると考えます。したがって、食材そのものの良否を確かめる、智識と注意深さ・直感力を鍛えることが重要な修練です。

調理は、よく馴れて無理せず、なすべきことを必ず守る。つまり食材そのものに無理をさせない。

ここからのみ、その優しさは生まれます。

地方のスープ講習で、後髪を引かれるような経験をすることがあります。

講習生の中に、スープを前についてこられない方々がいらっしゃいます。おそらく、よいレストランも少なく、おいしいスープに接する機会が少なかったからかもしれません。それらの方々の表情が忘れられずにおりましたら、ふと気づいたことがありました。「お粥」の存在です。

古来、馴染んできた「お粥、おじや、重湯」は立派なポタージュではないかということです。それでこの度、お粥のスープ性を分析。提案することにいたしました。これなら誰でも、どなたでもスープは作れます。生死のお相手ができになります。

お喜びください。私もうれしゅうございます。

「いのち」とスープ、そしてお粥

細谷亮太

「病気の子と一緒に大変な思いでいらっしゃるお母様方に」と聖路加病院の小児病棟にスープをお持ちくださったあの日から十年以上の時が経った。病棟に居た私もありがたくご相伴にあずかった。

そして、スープの味とそれにこめられた作り手の気持ちに誰よりも感激したのは私だったのかもしれない。辰巳さんもきっと、それを覚えておられての今日までのご好誼と思っている。

辰巳芳子さんは私の母と同じ大正十三年のお生まれ、子年である。今も健在の私の母は主婦という肩書きでお料理番組で活躍された辰巳さんのお母様、辰巳浜子さんの大ファンを自認している。不思議なご縁を感じる。

さて、名著『あなたのために』はスープについての本だったが、この『続　あなたのために』はお粥についての本である。二冊に共通してこめられているのは「いのち」を支える思いである。

ひたすらにご自身の道に精進される辰巳さんに私はある人の姿を重ねてしまう。その人とは我国に曹洞禅を伝えた道元に真理を悟るきっかけを与えた典座《てんぞ》(食事係)の老僧である。今から八百年ほども昔の事だが、道元が記録に残しているのだから事実である。

道元は宋の港にたどり着き目指す天童山景徳寺に入山の手続きがすむまでの期間を船中で過ごした。その時、名刹阿育王山鄮峰広利寺《あいくおうざんぼうほうこうりじ》から約二十キロの道を歩いて、日本から運ばれた椎茸を買いに来た典座の一老僧に会う。この出会いで道元は忽然と目が覚めるような体験をする。道元に一夜だけでもと教えを請われた老僧は、明日の衆僧の集まりの食事の準備があるから駄目と断わる。道元は食事の用意などは他の若い僧が代わってくれるはず、なぜあなたほどの人が自らやらなければならないのですかと食い下がる。するとその老典座は「まだ何もわかっていないようだな」と大笑いをして、そのうちに阿育王山に来られよと言って去る。又、他日、照りつける夏の日に滝のような汗を流しながら仏殿の前の焼ける敷瓦《しきがわら》の上に茸を干している老典座に誰かに代わってもらったらと声をかけると「他《た》は易《こ》れ吾《わ》れにあらず」と言われ、こんな日中にやらなくとも良いのではの問いには「更に何れの時をか待たん」と答えられる。衆生救済の大乗仏教の把握は単に書物の中の文字や知識によって得られるのではなく「行」によるきびしい人格の完成によって達成できることを教えられたのだ。

数年前に湯布院映画祭にお招きいただいた事がある。「玉の湯」のご主人が世話役をしておられて立派なお部屋に泊めていただいた。翌朝に露の降りた庭を眺めながらごちそうになった朝食は私の一生の中で最高のものだった。辰巳さんのこころざしを受け継ぐ山本照幸さんのお料理と知り、辰巳さんのお仕事、畏るべしと心から思った。

今は亡き私の唯一人の俳句の師、石川桂郎の素敵な句を添えて筆をおく。

ゆきひらに粥噴きそめし今朝*の秋　　石川桂郎

二〇一六、文化の日

＊「立秋の日の朝」のこと

ほそや・りょうた
一九四八年山形県生れ。小児科医、文筆家。東北大学医学部卒業後、聖路加国際病院小児科勤務。七八〜八〇年、米国テキサス大学MDアンダーソン癌センター勤務後、聖路加国際病院小児科に復職。同病院副院長、小児科部長を務め、現在は顧問。長年取り組んできた小児癌や小児のターミナルケア、育児学の見識を生かし、北海道滝川市の公益財団法人そらぷちキッズキャンプの代表理事としても、活動を続けている。また、細谷喨々の号を持つ俳人。

目次

（　）内は作り方のページです

春

夏

秋

冬

アートディレクション　木村裕治
デザイン　後藤洋介（木村デザイン事務所）

［注意］

■1カップは200㎖、大さじ1は15㎖、小さじ1は5㎖を基準にする。

■本文中にある〝蒸らし炒め〟とは、とろみスープやソースなどを作るとき、野菜の扱いに必須の調理手法。鍋に入れた具材に油をからめ、ふたを着せかけ、弱火で具材に汗をかかせるように火入れしていくことで、うまみを存分に引き出すことができる。日本料理にはなかった手法。

自分を待つのです。本当の自分が現われてくるのを待つのです。

祖父が描く、幼い日の辰巳さん。
「ゆらゆらして、やっと立つことができるようになった頃でしょうか。幼い日にいかに愛されたか。愛の日々の記憶は、人の存在を支えるものですよ」

料理は二五年やって、やっと自分の足らないところがわかる。五〇年やって、やっと思うようなものができるようになる。

——加藤正之先生のお言葉

母の料理研究家、辰巳浜子さんと。昭和四四年に出版された『娘につたえる私の味』を前に、母は愉快げに笑いながら、「芳子へ　見ればわかるでしょう　母より」と記してくれたという。十数年に及ぶ長い療養生活を経て、母の仕事を手伝うようになった辰巳さん。料理研究家としては四〇歳を過ぎて。遅い出立だった。

鎌倉の自宅で、一か月に一度、フランス料理の加藤正之さん(写真中央。右隣は母、浜子さん)を招き、フランス料理のフルコースを習う。加藤さんは、大正から昭和初期、宮内省大膳寮において、秋山徳蔵とともに仕事をしていた。「今日まで、いのちを支えるスープを作り続けられたのは、恩師、加藤正之先生のスープに対する姿勢と手法でした。先生は、スープができれば、肉や野菜はいつでもできる、が口癖。特にスープは献立の最初に供されるものとして、細心の注意を払っておられました」

台所仕事は、土が生み育んだもの、
水の中で生まれ養われたもの、
「いのち」あるもので「いのち」を守る技。

食べたものを味わう、その味がわかるかわからないか、それがいのちの営みの根源なんですよ。人間がいのちを全うする基本は「食べ分け」です。これを食べたら養われる。これを食べたら害がある。それを食べ分けることから人間の食の歴史は始まっているのです。食べ分けこそがいのちをつなぐ出発点ともいえる。

おいしいということはいのちの安全と直線的につながるから、やはり「食べるものはおいしくなきゃならない」という意味はそこにあると思う。

おいしさといのちが直結していることを、改めて真剣に考えていただきたい。

食べものは国の存亡に関わる。即ち食べものが国の根幹なのです。

米離れをしない

生き方をせねばならない

「お米を食べること」を大切にしましょう

黄金色に稔り、重く穂をたれた稲。この黄金色の波は、山裾まで広がり続く。この国らしい、最も美しい風景ではないでしょうか。麦の緑が折り重なるドイツの田園風景も整然として美しい。ところどころに真赤なひなげしも咲く、フランスの麦畑の豊かさ。しかし、黄金色の稔りの美しさ、豊かさはぬきん出ています。この国そのものです。

しかし、私は、この風景に至るまでの米の歴史をたどらざるを得ない。なんといっても、人口と米の係数を算出していた国柄です。それは、寒気がするくらいのものです。そして、米と私たちとの関係をもっと知り、米離れしない生き方をせねばならないと、反省をこめて思うのです。

食料自給率四〇パーセントというが、その内容の詳細を知ろうとして、外国の食料が買えなくなった時どのようなことになるか、推測くらいはせねばならない。中で、最も知らねばならぬのは、メディアの責任者です。

現在〝ご飯〟をしっかりお上がりなさいと提案するメディアは少ないが、先見に欠けています。

私は、粥を炊く過程で得られる、重湯というものかけがえのないうまみに、独自のスープ性を見出し、新たな〝ポタージュ〟として、世に問いかけてみたいと考えています。スープには縁の遠い方々も、我が事として、お粥に他の養分を添え、スープ性を作り出すことは容易です。

粥のかけがえのない、口ざわりとうまみ。日本の米のみに託された、新たな手法です。西欧の料理人に、この意味で〝米〟を紹介したい。


かの、ジョエル・ロブション氏は〝日本の米〟のうまみを知っていると同時におそれてもいる。日本の米の美味と味わいの力は、それほどのものなのです。

さらに、気づきにくいことですが、日本人の資質の根底にあるものは、稲作に対するあらゆる工夫・段取り・辛抱が培ったと認めざるを得ない、膨大な体験です。半導体の成功。自動車工業の成功。これらの根っこには、稲作の黄金色の波がある。


皆で心をそろえて、「お米を食べること」を大切にしましょう。

稲作の歴史と未来を大切にする。このくらいのことしかできないのなら、せめて、これくらいのことを心がけたい。

辰巳家に伝わる九谷の小皿二〇枚一組、青閑作。克明な写実で、苗代作りから、田植え、稔りの秋、脱穀、籾摺りなど、米作りの手順を一枚一枚に描く。正月、真塗りの折敷に朱の盃、重詰めの取分けは決まってこの銘々皿を使った。

焼き餅の重湯がけ

焼き餅のかぐわしさと重湯の優しい口ざわり、そして米の持つうまみ——米そのものの清らかさを集約したような一碗。「お酒の後などにいかが」と辰巳さん。重湯を炊く時に梅干しを入れて、有るか無きかの底味をつけても。

お粥は日本のポタージュです

米独得のでんぷんのうまみ。

あって当たり前、と私たちは思っているけれど、考えてみれば、他の穀類、麦やそばに比べれば、おいしさは違いますよ。力も違う。

桜の塩漬けの粥

 作り方は71ページ

玄米粥

白粥はすべての粥の原型です

基本の白粥の作り方

■材料　米＝玄米・三分づき・五分づき・白米など好みで

水

［分量の割合］

米1に対して、水は米の分量の7〜10倍が基本。好み、必要に応じて、水の分量を5倍にしたり、中国風のものなどは、12〜13倍にする。

［道具について］

土鍋＝白粥はどうしても、行平という、深い土鍋で炊きたい。

ほうろうをかけた厚手鍋＝金属直接のものは用いないこと。

■炊き方　米は水が白く濁らなくなるまでとぐ。鍋にといだ米は、ざるに上げ、三〇分以上おく。鍋に米と水を入れて火にかける。初めは中火。煮立ったら弱火にし、吹きこぼれぬよう、ふたをごく少しずらして炊き続ける。自然に米粒がつぶれるようになったら火を止め、一〇分ほど蒸らす。

■食し方　盛った粥に、少々の塩を落とすか、三年以上経った梅干しが基本であろうか。

梅干しについて

売っている梅干しはおおむね、一年物。酸気も塩気も角が立って、食べにくさの代表。私は自分で作るから、年々、使い残りがたまる。したがって、三年以上経ったものしか食べません。このくらい経ったものは、実からゼリー状のものが滲出し、梅干しはじんわり、じっとり絶妙。五年物など、たいそう結構この上ないものであります。

重湯、おまじりとは

重湯は、蒸らし終えた粥を、目の細かい裏ごしにかけ、自然にしたみ落ちたものです。

重湯がおなかに治まったら、体調に応じて、粥の米を少しずつ加えていきます。これが「おまじり」です。

回復期の見守りとして、心添えそのもの。それを加減できるところが「愛」の現われです。

梅干しの裏ごしを箸先に少々。こんな時、五年物の梅干しが欲しいのです。

春

梅の花が風にのって、静かに散りはじめる頃、山裾の陽だまりに、ふきのとう、三つ葉、よもぎがびっしり芽を出します。汁物の青味にはむろん、菜粥の楽しみに事欠くことはありません。

私の直弟子方は、季節季節の素材の推移に敏感である習慣が身についておりますが、春の人間の代謝を支えるように、つとめて春の野のものを摂取なさることをおすすめします。

お粥の箸休めに、ふきの葉のつくだ煮を添えるなどは、人間の身体そのものが必要としているからです。

母は、父のおひたしには必ず香り高い青菜を用いました。ほうれん草や小松菜は子ども用。三つ葉やせりには、男性が必要とする成分があると言っていました。

生きていきやすく食べる、食べさせる。「旬」のある、日本の風土に生きる、賢く、美しい生き方。身につければ、風土の慈しみを生きる人となれる。風土の慈しみを生きるとは、神の慈しみを生きる。実感です。

自然自然に、良い人になれると思う。

生活の必要から生まれた行事食
薬効を秘めた粥

せり、なずな、ごぎょう、はこべら、ほとけのざ、すずな、すずしろを春の七草といいます。正月に七草粥を食す私たちの習わしの理由は、これらを食して「いのち」を整える方法を再認するため、させるため、が発端ではないかと考えられます。

すべて薬効を秘めており、しかも厳冬期だから、アクは最低量。「正月七日だけを七草粥の日とせず」という母の言葉は真実です。私は野草を、例えばサラダなど普段の食に取り入れるべく、せり場、三つ葉場などまとめて庭に用意しています。

野のものの扱いは、刻一刻といいたいほど、時間の経過でアクが強くなるから、気ぜわしく摘んで細々と刻む。粥が炊き上がり蒸らしにかかったところへ、刻んだものをパッと投じ、五分以内でいただきます。

菜類の状態により、菜に塩をふり軽くもんでしぼり、ごく軽く水洗いして投じることもあります。すずしろ(大根)もすずな(かぶ)も外側の粗葉は用いず、芯の柔葉を用います。

主食に青菜を添えて食べる、食べられる。そのような国はどこにあるでしょう。

七草粥

【箸休め】柿なます

作り方は58、59ページ

ゆり根粥

【箸休め】きんかんの甘煮

作り方は60、61ページ

作り方は62、63ページ

作り方は63、64ページ

菜粥三種

（手前から）三つ葉、せり、よもぎ

【箸休め】卵のみそ漬け

作り方は65ページ

聖護院大根の粥

【箸休め】

大根葉の炒め物と皮のきんぴら

作り方は66ページ

【箸休め】（手前から）
ふきの葉の
極上つくだ煮、
筍のつくだ煮、
生湯葉の炊きしめ

作り方は67、68ページ

貝は、日本人の脳の進化、
特に、神経の発達に
どれほど役立ったことか

馴染みの貝を扱いながら、貝と人間との長い長い関わりの来し方を想像してしまった。おそらく、私たちの最初の食器は、木の葉だったろう。そして次なるものは、貝殻に違いない。

その名残は今でも興味深くスペインに遺っている。サンチャゴ・デ・コンポステラへの巡礼のシンボルは「帆立貝」。巡礼者たちは、アルプスの近くから、スペインの最西端まで、首に帆立貝の貝殻を下げ、コップ代りにして、長く険しい道を歩いた。

私たちの先祖も、当然、あわびの殻を重宝至極に使っただろう。玄関に置くような大きな貝殻は、人類最初の調理用具だったであろう。

美しい模様の貝は、装身具、子どもたちのおもちゃに、行き着くところ通貨に至るまで、人々は

貝に密着、おかげを被っていた。
四方を海に囲まれた私たちは、貝塚ができるほど貝を食べてきた。日本の工芸品の螺鈿細工、ひいては半導体の成功の向こうに、貝の力が見えてならない。
これらを調べたから、貝の炊き方を変えた、というわけでもない。二〇年ほど前の、貝が少なくなり貴重になる予感が、その理由(地球の温暖化)。「貝殻からも、貝の力の影響を受けるべき」と切に感じ、炊出し方を変えたのだ。以前は、貝の身は炊きすぎるとかたくなるので、一煮立ちしたら、調味し、仕上りとしていた。
貝殻の滋養を引き出すには、他に色々の方法があるだろうが、ここでは至って自然な方法、長く炊くことで、その力を引き出すことにした。

写真右　汚れを落としたあさりを水につけ、レモン一、二片も入れて、異臭を解消する。左　あさりに香味野菜と香辛料を添え、静かにスープを炊き出す。写真次頁　あさりと同様にして炊き出したしじみのコンソメ。

日本人ほど、貝で養われた民族はいないと思う。貝塚があるほどなのだから。

あさりの
コンソメスープ

作り方は69ページ

アスパラガスのポタージュ

作り方 春編

粥は「基本の白粥の作り方」(39ページ)を参照してお作りください。

七草粥 (43ページ)

菜粥の代表は七草粥。七草すべてをそろえにくい場合は、一種でも二種でもお粥にして召し上がることをおすすめします。みずみずしい春のいのちをいただく。かけがえのない健康食です。

粥は「基本の白粥の作り方」を参照して炊きます。七草はみじん切り(写真1)。粥が炊けて蒸らしにかかったら、七草と塩を投じ、さらに一カップの熱湯を加えてさっと混ぜると、さらりとした粥ができます(写真2)。

箸休めは柿なます。七草粥とのこの取合せは、日本の風土性を無言で表現しうると思う。これが初釜の定番であることは、うなずけます。

■材料
- 米　½カップ
- 水　2½カップ
- 七草　各適量
- 塩　少々
- 熱湯　1カップ

1

2

【箸休め】

柿なます（43ページ）

油を用いず、生野菜を食べていく。日本人はこれに練達しているはずです。また、していなければならない。

このなますは、干し柿でも熟し柿を用いても美味。柿という果物に恵まれた風土の食べ心地です。

■材料

干し柿　４個
大根　３００g
にんじん　１００g
みりん　適量
塩　適量
［二杯酢（基本の分量）］
出汁　１カップ
酢　大さじ３
塩　少々
薄口しょうゆ　大さじ２

■作り方

１　干し柿は、みりんに浸してしんなりさせ、すり鉢であたり、二杯酢適量を加えてさらにする。ねっとりとした中にも、柿の舌ざわりが残るくらいが目安。酢に柚子またはほかの柑橘類の果汁を混ぜるのも好ましい。

２　大根は、美的なせん切り。千六本ではない。大根は、中ほどを用いる。上の部分はおろしに、下部はサラダに。

３　にんじんは、大根より細く、せん切り。

４　２と３をボウルに入れ、合わせて軽く塩をし、しんなりしたところで露をしぼる。

５　４の塩気を確かめ、１の衣であえる。

＊干し柿は、割って種を出し、みりんにつけて瓶に保存しておくと、随時、直ちに使えて好都合。

にんじんは、千葉県の山武産の有機のものがどうしても美味。「さんぶ野菜ネットワーク」（☎０４７５-８９-０５９０）にて購入可。http://www.sanbu.chiba.jp

ゆり根粥 (44ページ)

ゆり根の賞味法として最適と思います。ゆり根の、言葉に置き換えがたい気品と、白粥の清らかさとの組合せだもの。宮中晩餐会の締めくくりにお出ししたいほどです(フランス風の献立の後でも)。

ゆり根は、滋養強壮、利尿、咳止めのほか、精神を安定させ、イライラを解消させるなどの鎮静の薬用とされた歴史も知られています。

粥を相手するきんかんの甘煮は、粥の高貴をよく受けて立つと思います。

■材料

米　½カップ
水　2½カップ
ゆり根　½個
塩　少々

■作り方

1　ゆり根の鱗片は丁寧にほぐし、中心部は蒸し物など別扱いとし、外側の部分を用いる。

2　鱗片は、水で清め、塩水に浸す。

3　粥が八分どおり炊けたら、塩水から上げておいたゆり根を、粥の表面に、手早く投じる。蒸らし気味で炊き合わせる。粥が仕上がった時、ゆり根にふっくら火が通るようでありたい。

ゆり根は北海道の〝ようていゆり根〟(写真下)をおすすめする。購入はNPO法人「良い食材を伝える会」(FAX03-3423-6085)にご連絡を。季節と数に限りがある。

【箸休め】

きんかんの甘煮（44ページ）

きんかんの甘煮は、古来咳止めの妙薬として知られ、冬になると家々でこれを炊く香りがしたものです。むろん、薬として以外にも、お茶請けやお粥の箸休め、酒肴としても。熱湯消毒した瓶に詰めて保存しておけば、多様に楽しめます（写真下）。

きんかんは、甘みがあって香り高く、皮があまりかたくないものを選びます。家のきんかんは、「きんかんは皮が身上」と言っていた母が吟味しただけあり、皮は甘みを、果肉は清冽な酸味として口中を走るという、最上品です。

■作り方

1　きんかんはよく洗ってなりつきを除き、先を細く削ったつまようじか竹串で、ところどころ皮をつつく（破裂を防ぐため）。ほうろう鍋か土鍋に入れて、塩味を感じないくらいの塩水を張り、きんかんが浮かない程度の落しぶたをして弱火でコトリコトリとゆでる。

2　色が透き通りはじめ、鍋肌にアクがすじ状についてきたら、鍋を給湯の蛇口の下に下ろし、湯を注ぎ入れてアクを流す。鍋肌のアクも拭き取る。

3　新しい湯を張って再び弱火で静かに煮、やわらかく煮えたら火を止めてしばらく蒸らす。これを食べてみて、苦みがあればもう一度湯を替えて煮るが、質のよいものならたいてい苦みはない。

4　3の鍋に白ざらめ（きんかんの重量の八〇%）を二回に分けて加えながら、さらにホタホタと煮つめる。煮汁がとろみを帯びてきたら、しょうゆを〝入れたと気づかれない程度に〟加えて火を止める。このしょうゆで味が決まる。

小豆粥（45ページ）

小豆は二日酔いの妙薬です。体の中の老廃物を取り除く役目があるといわれています。赤飯、小豆ご飯（赤のご飯）、おはぎなども、小豆の薬効を日常に取り入れた、健康配慮が見られます。

その小豆ですが、私は常に有機無農薬の国内産のものを用いています。また上記に加えて、無肥料で作る方法もあります。これは、粒は小さいが皮はやわらかく、渋みは至って軽く、驚くべきものです。こうした次第で、小豆によって扱いはたいへん異なります（輸入小豆は、二〇年ほど前から、全く用いない。おそろしい経験をしたからです。この経験が「良い食材を伝える会」「大豆１００粒運動」の発端です）。

ですから皆さまにも、価格に左右されず、国内産の有機無農薬のものをおすすめします。小豆粥もこうした小豆を用いぬと、薬食一如の効果を得ることはできません。いつでも小豆を食せるよう多めに炊き、小分けにして冷凍し、使います。

■材料

米　½カップ

小豆のゆで汁と水　2½カップ

小豆（炊いたもの）　½カップ

塩　少々

■作り方

米に、分量の小豆のゆで汁と水、小豆を加えて炊く。仕上げに塩で味を調える。

■小豆の炊き方

先に記したように、小豆によって扱いはたいへん異なります。有機無農薬で、できるだけ新しい豆（今年豆なら理想的）を手に入れることが肝要です。

1　小豆は虫食いやいたんだものを除き、よい豆だけを水中で洗い清め、一晩水につける。

2　鍋に小豆を入れ（つけ水は捨てる）、新たに小豆と同量の水を加えて炊きはじめる。火は中火。沸騰したら火を弱め、アクをすくいながらしばらく炊く。

3　ゆで汁が赤茶色を帯び、ゆで汁を飲んでみて渋みを感じるくらいになったら、ざるに上げる。

4　水道の蛇口の下に3を持ってゆき、水をかけながら、豆についたシブを洗い流す。

5　シブをきった小豆を鍋に戻し、豆の上三〜五センチくらいかぶる量の水を加え、豆が躍らないようざるをのせるなどして、八分どおりやわらかくなるまでコトコト炊く。ゆで汁はとりおく。

【箸休め】生湯葉の炊きしめ（45ページ）

生湯葉は、まずそのままを召し上がると思う。しかし、生湯葉はいたみやすいから、残ったものは、やさしい味つけで静かに炊いて冷蔵し、再び用いる時に、やや炊きしめて供するのがよろしいかと思います。上質の薄口しょうゆを必要とします。

扱いの注意として、くずれやすい生湯葉は、猪口などを用いて、かき取るようにして切り分けます（写真1）。また、湯葉は炊きすぎると、別のもののようにしまって味を失います。上等の出汁で、よく計算して調味し、ふわっと火が通ったら火を止め、そのまま煮含めます（写真2）。

味つけの割合は、酒一に対し、みりん⅔、薄口しょうゆ⅓。出汁は適量。

にら粥（46ページ）

にら粥は、おなかの具合がよくない時に食べるべきものとの定評ですが、これはそれを意識したわけではなく、春のひだるさを切り抜け、元気に初夏を迎えるために取り上げました。

ただ、我が家のにらは、花壇のぐるりに放置するかに植えっぱなしで、都合よく劣化したもので、葉は細くなり香りもおとなしくなっています。サラダにそのまま散らしても食べられるほどです。はた迷惑にならぬ、にらなのです。ねぎとは異質の必要なものですから皆さまもお育てになることをおすすめします。

粥には高たんぱくの鶏もつの煮物を添えました。

■材料

米　½カップ
水　2½カップ
にら（みじん切り）　大さじ2

■作り方

「七草粥」（五八ページ参照）と同様に炊く。

1

2

【箸休め】

鶏もつの煮物（46ページ）

お好きな炊き方をなされればよいと思います。できれば、日常的に鶏専門店を調べて、鶏肉は専門店でお求めになるのをすすめます。鎌倉には専門店があり、私の知人は、皆さんここで求められます。特にレバーは新鮮でなければなりません。炊き方での注意は、まず血抜きすること。あとは、レバーの切分け方を賢く。

■材料

鶏もつ　100〜150g

しょうが（薄切り）　適量

にんにく（包丁の腹でぐっと押してつぶしておく）　適量

オリーブ油　大さじ2

酒　¼カップ

みりん　¼カップ

濃口しょうゆ　½カップ

■作り方

1　鶏もつはよく洗い、血抜きをする。ペーパータオルなどでしっかり水気をぬぐい、できるだけ同じ大きさに切る。

2　鍋にオリーブ油、しょうがとにんにくを入れ、香りが出たところに鶏もつを入れ、焼きつける。

3　酒を加え、強火でアルコール分を飛ばしたら、みりんと濃口しょうゆ、水少々を加え、弱火にして煮つける。好みで砂糖大さじ二を加えてもよい。

4　火が通ったら、いったん鶏もつを引き上げる。煮汁を煮つめ、透明感が出てきたところに、鶏もつを戻し入れ煮汁をからめる。器に盛り、あれば、木の芽を添える。

＊砂肝や心臓を使ってもよい。砂肝を使う場合は、二つに切って外側のかたい皮をへいでから用いる。心臓は開いて中の血の塊を塩水でよく洗い、水気をぬぐう。

菜粥三種 三つ葉、せり、よもぎ（47ページ）

菜粥に用いる菜は、自宅の土からのものが望ましい。我が家の三つ葉もせりも、根つきものを買ってきて、その根を庭の隅に植えたのが始まり。よもぎ（餅草）は、摘み草で摘んできたのが始まり。よもぎなどは白玉だんごに加え、草だんごも作れます。

身辺から青菜を摘む暮しに気づいていただきたい。自分たちの才覚で創出していただきたい。

いずれも豊かな香りがいのち。栄養分を損なわないためにも、新鮮なもので、さっと炊き合わせる。煮すぎに注意。

■材料

米　½カップ

水　2½カップ

菜（みじん切り）　大さじ2～3

塩　少々

■作り方

「七草粥」（五八ページ参照）と同様に炊く。

【箸休め】
卵のみそ漬け（47ページ）

菜粥に卵のみそ漬けを添えた理由の第一は栄養的に。第二は味の調和として。これは、安心できる卵で作れば、無条件でありがたい食べものです。であるから、まず上質の卵を入手します。色々な作り方があるようですが、私は卵黄を生で用います（半熟のようにして、卵黄の外側を固める方法もある）。

■作り方

まず容器と、容器に合わせたガーゼを用意し、煮沸消毒する。手持ちのみそを好みの味加減にする。私は、辛口みそに白みそを加え、酒、みりんで少々みそをゆるくする。卵黄が直接みそに触れぬよう、工夫するのみ。冷蔵庫に入れて二日目には卵の周囲が透き通りはじめ、ほんのりみその味を含んだら食べ頃。三日、四日経つと完全に漬かって透明になる（写真下）。

聖護院大根の粥（48ページ）

日本の冬のお菜から大根が姿を消してしまったら「おっかさんどこ、どこへ行ってしまったの」と心細く、あたりを見回したくなるのではないでしょうか。私どもの暮しに密着している大根をお粥に取り入れ、冬の体を温める工夫です。

これには二通りの考え方があると思います。第一は、容易にやわらかくなり、くせの少ない聖護院大根を、生のまま白粥に加え炊く。第二は、大根の煮物をする時、いずれお粥、おじやに展開するねらいで増量して炊き、これを白粥の仕上りに炊き合わせる方法です。

■材料
米、水　各適量
聖護院大根　適量
梅干し　1～2個

■作り方
1　大根は皮をむき、八ミリ角のさいの目に切る。
2　梅干しを軽く押しつぶし、これをしのばせて粥を炊く。
3　さいの目に切った大根は、一五～二〇分で充分やわらかくなるので、粥の炊上り時間を逆算して大根を加え、炊き合わせる（写真下）。

【箸休め】

大根葉の炒め物と皮のきんぴら（48ページ）

葉ものは、一茎同質ではありません。外、中、芯と、まことに異質。さらに軸と葉も異質。だから、質の差に応じて扱います。

この異質を何気なく、無理なく、手早く、扱う。修練は人の「聡明」を鍛え上げる。「耳」聡く「目」明らか。ゆえに人のお役にも立ち。本人は、いのちの面白みを生きるのです。

■作り方
大根葉の炒め物は、外葉は用いない。芯葉は大切にとりおく（菜飯、菜粥用）。
それゆえ、芯葉の周囲の葉を、軸と葉はそれとない手加減の差で細々にし、油で炒め、酒、薄口しょうゆで味を調える。京都・伏見の赤とうがらしの刻んだものを仕上げに少々ふれば上々。

皮のきんぴら。まず、大根の皮をむく時、きんぴらの角切りを頭に入れて皮むきをする。それを角に切れば美的なありがたみである。大根葉の炒め物と同様に調理する。ご主人さまの酒肴に、弁当の片隅にも使える。

【箸休め】
ふきの葉の極上つくだ煮（49ページ）

「極上」の内容を説明すると、他人さまと差をつけるようで恥ずかしいですが、自宅の庭から摘んだ、茎がいまだ若く、ごく細いふきの葉であること。つまり、至ってやわらかく、アクも少ない頃のものということです。私は、売っているふきの葉でつくだ煮を作ったことはないのです。ですから、皆さまにおすすめしたいことは、庭のあるところに「木」のものとして山椒、柚子、梅を植える。「薬味」としては、三つ葉、せり、にら、みょうが、しそを育てておく。この風土における、楽しい生活の必須条件です。

わずかな土まわりで、この風土に生きる表現ができるのです。テラスの植木鉢でも作れます。これから、こういう時代が来ると思います。特に、定年後の生活の豊かさは、こうした暮しから創造されると思います。

■材料
若いふき(ゆでて刻みしぼったもの)　1カップ
昆布出汁　½カップ
酒　¼カップ
上質の薄口しょうゆ　大さじ3
梅干しの種　1粒

■作り方
1　ふきは葉と軸に分けて洗い、それぞれ塩ゆでにする。ゆで湯の塩加減(分量外)は、しっかりめにした吸い物の味くらいがよい。
2　ほどよくゆでたら冷水にしばらくさらして、アク抜きをする。
3　葉も軸も細かく刻み、軽く水気をしぼる。
4　鍋に入れて、昆布出汁と酒、薄口しょうゆ、梅干しの種を加え、ふたをして弱火で、煮汁がほぼなくなるまでじっくりと炊く。
＊好みで赤とうがらしを加えてもよい。その場合、赤とうがらしは種を抜いて小口切りにし、炊上りに混ぜるか、器に盛った上にあしらう。

【箸休め】

筍のつくだ煮（49ページ）

筍の食べにくいところを、包丁仕事を生かして、はりはり、さらりとしたつくだ煮にしたもの。仕上りに、たたき木の芽を思いっきりふり込むのも、胸がすきます。

筍の可食部。根もとに最も近いところは、かたい。このかたい部分を、ごく薄く切り、せん切りにする。せん切りを酒と薄口しょうゆでからっと炊き、広蓋風のバットに広げ、熱気の治まったところに、木の芽の細々をふり、仕上げます。気の利いたもの。銀座に「辻留」さんがあった頃、教えていただいた。

味つけは、筍一〇〇グラムにつき、酒大さじ二〜三と薄口しょうゆ小さじ二が目安。

【箸休め】

生湯葉の炊きしめ（49ページ）

作り方は六三ページ参照。

あさりのコンソメスープ

（56ページ）

最近は貝も高価です。そこで、ここでは貝殻からももらうべき栄養をもらわなければと考案した方法でスープを炊き出します。貝の滋養をすべて引き出していますから、貝を噛むことができないお年寄りにも、最適ではないでしょうか。

ご病人に差し上げるには、白粒こしょうを抜きます。このコンソメに葛を引いてお粥の上にかけて召し上がっていただきたい。葛のおかげでむせる心配もなく、お見舞いによいお土産になります。

■材料

あさり　1kg（塩、レモン各適量）
白ぶどう酒　1カップ
玉ねぎ（2mmの薄切り）　120g
にんじん（3mmの輪切り）　80g
セロリ（3mmの薄切り）　80g
ローリエ　1枚
パセリの軸　2～3本
白粒こしょう　5～6粒
水　1～1.5ℓ

■作り方

1　砂を吐かせておいたあさりに塩をふり（写真1）、貝と貝をこすり合わせ汚れを落とし水で洗う。これを三～四回繰り返す。最後にレモンの輪切りを二片ほど浮かべた水につける（写真五二ページ）。

2　玉ねぎ、セロリは薄切り、にんじんは輪切りにする（写真2）。

3　1のあさりの水気をきり鍋に入れ、白ぶどう酒をふり入れ、火にかける。貝の口を開かせたら（写真3）、貝の上に2と、ローリエ、パセリの軸、白粒こしょうを入れ、水を加える。水の分量は、貝の上に三センチかぶる程度。

4　3のアクを取り、煮えがついたら、三〇分余りコトコト炊く（写真五三ページ）。間で時々味をみる。好みで塩少々を加えてもよい。

5　汁の味に満足したら、火を止め、貝を取り出し、スープをこす。

■スープの効果

貝の成分を必要とする方たちに、確かにありがたさこの上ないエキスになっていると思う。

1

2

3

アスパラガスのポタージュ

（57ページ）

カロテン、ビタミンC、E、B群が多い緑黄色野菜。疲労回復、スタミナ増強に効果があるといわれるアミノ酸の一種、アスパラギン酸を多く含む野菜です。

このポタージュには、アスパラガスの粘りのないところのつなぎとして、お粥を使いました。お米のさらりとしたのどごしが特長。ベシャメルソースを使ったものとは全く異なります。

■材料

アスパラガス　700g
玉ねぎ　120g（玉ねぎとポワロを半量ずつが望ましい）
オリーブ油　大さじ2〜3
米　½カップ（5倍の水で炊く）
鶏のブイヨン　4〜5カップ
牛乳　1〜1½カップ
塩　小さじ2〜

■作り方

1　米½カップに五倍量の水を加え、粥を炊く。
2　一本のアスパラガスは、三つの部分に分けて考える。穂先から二、三センチ下がった部分は、浮き実にするので、塩ゆでしてとりおく。中央の部分は、はかまを除き、二センチに切る。根方三〜四センチの部分は、皮をむき、一センチの小口切り（写真1）。
3　玉ねぎはみじん切りにする。半量をポワロにすれば理想的。ポワロは薄い小口切り。
4　鍋に3とオリーブ油を入れて火にかけ、ねぎの刺激臭が抜けるまで、弱火で蒸らし炒めする。
5　4の鍋に穂先以外のアスパラガスを入れて、さらに蒸らし炒めする。アスパラガスは火の通りが早いので、蒸らし炒めの時間は短めにするとよい。
6　5の鍋に1の粥を加え（写真2）、鶏のブイヨンと半量の塩を入れ、アスパラガスに火が通るまで煮る（写真3）。
7　6が炊けて粗熱が取れたら、ミキサーにかけ、こし器を通して鍋に戻す。
8　鍋を火にかけ、牛乳を加え、塩で味を調える。
9　浮き実を温め、スープに添えて供する。

鶏のブイヨンは「日本スープ」（☎0120-23-0141）の"チキンクリア"を使用。品質のよい親雌鶏を丸のまま炊き出したもので、無塩、人工的なものはいっさい加えていない。料理によって三〜一〇倍に希釈して使う。辰巳芳子の薦める味「茂仁香」（☎0467-24-4088）の通信販売にても購入可。http://monika.co.jp

1

2

3

桜の塩漬けの粥（37ページ）

これは、祝儀のお膳の締めくくりに、和洋を問わず供せると思います。

桜湯（八重桜）は、お祝い事の席に、お茶の代りにお出しすることがあります。その好ましさをお粥に頂戴したものです。

作り方は、粥の炊上りに、桜の塩漬けをぱらぱらと置き、桜の香りと塩分が粥に移るようにした、ただそれだけですが、ほかに例のない清楚を感じます。なぜでしょう。

「成功の鍵」は、有機無農薬の白米を用いること。こうした米はうまみが異なります。おっとりとした米のうまみが、桜をくるむところが〝日本〟なのです。

桜の塩漬けは、その塩加減によっては、塩出しをするようにしてください。

夏

煎茶粥
【箸休め】
煮梅

夏を迎え撃つ。そんな気構えで食したい

ゴーヤージュース、
ゴーヤーヨーグルト

そら豆のポタージュ（手前）、枝豆のポタージュ（奥）

　作り方は97、98ページ

暑気をしのぐ食方法の心得

私ども人間の生体の対応性と、他の生物との生成法則は見事に足並みがそろっています。

身近な一例ですが、四月半ばから五月初旬にかけ、我が家には、山うど、野ぶき、根三つ葉などが生き生きと葉を茂らせ、これを摘んでは筍ご飯の箸休め。これらのほろ苦みがかけがえのない季節感。

このほろ苦みから、次の季節を迎える生理的用意ができていることを、言わず語らずに、人は感じていくのではないかと思います。

盛夏から初秋にかけ、うり類を食すことをすすめるのも、同じ理由からでしょう。すべてのうりの類は、むくみをおろすといわれています。さらに、しみを予防する効果があるとも(特に種の効果)。

私の好みですが、数あるうり類の中で「夕顔」(かんぴょうの原料)は、最も美味に感じています。もし入手可能であれば、召し上がることをおすすめします。さらに葛引きで食せば、「葛」の効果も摂取なしうる。暑気をしのぐ食方法の心得です。手放してはならぬ。

私のうり類の扱いの特長は、うりの「種とわた」を、あらかじめ静かに炊き出し、その煮汁を大切に出汁に加えてうりの果肉を炊くところです。うり類を食す最大の効果を期待して。

冬瓜のえび葛引き

【箸休め】えびの頭の素揚げ
穂じそ添え

作り方は100〜102ページ

スーパーミール
小松菜のポタージュ**添え**（手前）、
ポルトガル**風**にんじんの
ポタージュ**添え**（奥）

ぬちぐすい

甘酒

作り方は103ページ

あわびの肝粥

【箸休め】なすの焼きみそ

　作り方は104、105ページ

新米と新豆、足並みをそろえて庄内ならではの粥

「だだちゃ豆」、山形県庄内独特のいわゆる枝豆に対する呼称。独自の香り、うまみ、色合いを、誇らしく〝だだちゃ〟即ち〝お父さん〟〝お父ちゃん〟の呼び方をする。

お父さんに対して「お母さん、〝ががちゃ〟と呼ぶものはないの」と尋ねたら、「どこそこの〝ががちゃ〟が作った、だだちゃ豆という」との答え。これまた、ほほえましいではないか。

こんな豆ができた由来は、明治まで各時代の殿様は、代々農業を大切にされ、特に種子の改良改善に関心がおありだったとか。領民はこうした殿様の要望に、よく応えんとし、殿様と領民の関係は、農業を核として実に密であったとか。「食」のことを仲立ちに、為政者と領民が一体化する。理想的構成です。

明治以降、ほとんどの各藩主は、東京に居住したが、庄内の殿様は、鶴岡をお離れにならなかった。

「だだちゃ豆」は、かけがえのない、庄内の生の歴史を、私どもに教えます。おそらく、他の多くの食べものにも、こうした各時代の人間の生き様が秘められているのでしょう。改めて、軽々しく食材を扱ってはならぬと切に思います。

ところで、本論の「だだちゃ豆の粥」。庄内の新米と新豆は、足並みがほぼそろいます。ゆえに、新米でおいしく粥を炊く。炊上りに合わせて、豆を八分どおりゆでる。ゆでた豆を、さやからはじき出し、一粒一粒の薄皮を取る。翡翠色の実がそろったら、粥に加え、軽く塩味を調え、静かに蒸らす。粥の香りと、だだちゃ豆の香りが一つになり、豆のうまみを米のおねばがくるめば成功。

箸休めは、なすの浅漬け、麹漬け、温海《あつみ》かぶ、青菜などいかがでしょう。

だだちゃ豆の粥

【箸休め】牛肉の大和煮

乳清《ホエー》の冷製
白みそ仕立て

作り方は106ページ

穴子のてんぷらのみそ汁　小鍋仕立て

作り方は107ページ

辰巳さんが生ハム作りにとりかかったのは、まだ日本に生ハム自体が入っていなかった一九六〇年代半ば頃。イタリアで食文化の中心に位置する生ハムに出会い、衝撃を受けたという。イタリアやスペインにおける生ハムは、日本のかつお節のような存在だった。鎌倉イエズス会で見つけた一〇行ほどのメモを手がかりに、庭に生ハム小屋を造り、一一キロ前後もある豚の脚一〇〇本以上に塩をまぶし、干し……習得までに二〇年の月日が経っていた。

私は外国へ行ったら、その民族が生きてきた道筋にあった料理を探して歩く。そして、それを一つのお手本として、日本の食べ方の欠点を直そうとする。民族がそれぞれに生きてきた道筋にあったお料理って、知れば知るほど本当に面白いのよ。

以前、イタリアに勉強に行くと決まった時、イタリア料理を数々見るというつもりはなかった。ミケランジェロはひとりであれだけのものを作れたでしょう。一体彼は何を食べ、何が彼の力になったのかということを確かめに行ったのです。

風土が育む食に興味ひかれ、イタリアで料理を習い、スペインも何度か訪れる。スペインのアラゴン地方の旅で羊たちに出会った辰巳さん、早速羊飼いに杖を借りて、群れを先導した。

スペインという国はひどく暑いけれど、からっとしていてそんなに耐えにくくはない。だけれども、こういうもので体を守っていくのね。パンに生ハムを添えて、この熱いスープを飲んで。それから赤ぶどう酒をいただきながら、ゆっくりお話をする。

このスープには、何といったらよいか、風土ならではの智恵がありますね。

Sopa de ajo
ソパ・デ・アホ

 作り方は108ページ

作り方 夏編

粥は「基本の白粥の作り方」（39ページ）を参照してお作りください。

煎茶粥（72ページ）

酷暑の夏に、お茶の爽やかな香りが、食欲をそそるお粥です。

難しいことは一つもありませんが、お米の選び方には注意してください。ここで用いたのは〝つがるロマン〟。米そのものが、水晶のよう。清潔感のあるお米です。

「基本の白粥の作り方」を参照して好みの水加減で粥を炊きます。七分ほど粥が炊けたところに、気持ち濃いめにいれた煎茶を注ぎ（写真1）、そっとなじませ炊き上げます（写真2）。

冷水で冷やした後、ガラスの器に盛った粥は、見るからに涼しげな風情。添えた煮梅も、この上なく品よく、口中を梅の爽やかさで満たしてくれます。

1

2

【箸休め】

煮梅（72ページ）

この季節のお茶請けとしても最適です。梅の季節に作りおきされることをおすすめします。

■材料
青梅（中くらいの大きさのもの）　1kg
水　5カップ
塩　½カップ
シロップ
　水　5〜6カップ
　白ざらめ　800g〜1kg

■作り方
1　梅はそっと洗って、へたを取り除く。
2　分量の水と塩を煮立てて冷まし、ほうろう引きまたは樹脂製の容器に移しておく。
3　梅一個ずつに、先を削った竹串で種に当たるまで刺し、穴を七〜八か所あけ、端から2の塩水に入れる。梅に穴をあけるのはアクを出すため。穴が大きいと見苦しくなるので、竹串の先を繰り返し削って細くする。
4　梅が浮かないよう落しぶたをして、まる三日漬ける。食べてみて苦みがなく、コリコリした歯ごたえになっていればよい。
5　4の梅を、細く水を流して一日水にさらす。水道の蛇口に布を巻きつけて輪ゴムで縛り、布の先端を4の容器の底まで渡し、水をごく細く流すと、皮が破れず、また、効率よく水が回り、塩分やアクが抜けやすい。
6　ほうろうまたは耐熱鍋に梅とたっぷりの水を入れて弱火にかける（中までやわらかくなればよい。ゆですぎると酸味が抜ける）。
7　再び5の要領で流水にさらして冷やす。アクや塩分の抜けぐあいは、時間よりも自分の味覚を頼りに確かめることが肝心。
8　シロップの材料を火にかけて砂糖を煮溶かし、冷ましておく。
9　梅をシロップの中に手でそっと移す。紙ぶたをし、弱火で二〇分ほど煮て、そのまま冷ます。
10　冷めたら梅だけを熱湯消毒した瓶に移す。シロップはアクを取りながらさらに⅔量になるまで煮つめ、よく冷ましてから、梅がすっかり浸るまでたっぷりと注ぐ。
＊最低でも二週間はおきたい。もっと長期間保存する場合は、シロップを煮つめる時に白ざらめ一〇〇グラムを足して糖度を上げる。

ゴーヤージュース、ゴーヤーヨーグルト

（76ページ）

食の分野で、酷暑、酷寒をしのぐ場合は、その状況を賢く食べて生きている人々の食し方を参考に。日本に生きるのだから、この風土に近いところの方々をまねるのがよいでしょう。沖縄は最も手近なお手本です。

ゴーヤーなどうりの類は、体の熱をコントロールする作用があるそうです。ですから、真夏の運動の後などにもぴったり。たちどころに効果が表われ、すっきりする由です。

数年前から、暑さ対策として、私はこのゴーヤージュース（苦みが少ないアバシゴーヤーという種類が適している）をさんざん飲んで清々しています。ゴーヤーのおかげで猛暑を乗り切ることができ、本当に助かっています。

作り方は、ゴーヤーのいぼ状の突起をセラミックのおろし器で白いわたが見える手前まですりおろし（写真1、2）、ふきんでこす。そのエキスを炭酸で割ります。割合は一対三。シロップを入れたり、レモン汁を加えたりしていただきます。

すりおろしたゴーヤーをヨーグルトに添えて、少しずつ混ぜていただいても、ゴーヤーの苦みが和らいでよいものです。甘酒に合わせても飲みやすくなります。

沖縄の料理名人、山本彩香さんは著書『てぃーあんだ』（沖縄タイムス社）の中に、いくつかゴーヤー料理をお書きです。加熱しても壊れにくいビタミンCの含有量はビタミン豊富なピーマンと同程度で、不足すると体の動きが悪くなるとされるカリウムも多く含んでいます。油で炒めても栄養価は損なわれないゴーヤー。さすがと納得する。

ご一読をおすすめします。

1

2

そら豆のポタージュ

（77ページ）

そら豆は熟れすぎていないものを選んでください。さやの色が変わりかけているものは、店頭に出てから時間が経っている可能性があります。

そら豆だけでは、とても高価なものになってしまうので、補いとしてじゃがいもを加えました。

■材料

そら豆（正味）　500g
玉ねぎ（2〜3㎜の薄切り）　150g
セロリ（5㎜の小口切り）　100g
じゃがいも（7㎜のいちょう切り）　200g
鶏のブイヨン　4〜6カップ
牛乳　1〜2カップ
オリーブ油　大さじ2〜3
塩　小さじ1〜2

■作り方

1　そら豆はくぼみに切れ目を入れて薄皮をむく。
2　鍋に玉ねぎとオリーブ油を入れ、弱火で蒸らし炒めする。七分どおり火が入り、玉ねぎの刺激臭が消えたら、セロリを加え、さらに蒸らし炒めする。好みでローリエを入れてもよい。じゃがいもを加え、七分どおりやわらかくなるまで蒸らし炒めする。
3　2の鍋にそら豆を加えて、蒸らし炒めする。そら豆に火が入ったところに、ブイヨンを材料がかぶるくらい注ぎ入れ（写真1）、塩少々を加え、やわらかくなるまで静かに煮る。
4　3が炊けて粗熱が取れたら、ローリエを入れた場合は取り除き、ミキサーにかけ、こし器を通して鍋に戻す（写真2）。
5　鍋を火にかけ、残りのブイヨンと牛乳を濃度を見ながら加え（写真3）、塩で味を調える。

1

2

3

枝豆のポタージュ（77ページ）

畑の肉と呼ばれる大豆と同様に、良質なたんぱく質のほか、カルシウムやカリウムも豊富な枝豆。さらに、大豆にはないビタミンCも多く、栄養満点。もう一つの注目は、水溶性ビタミンB群の一種、葉酸です。体の発育を助け、貧血の予防にも効果的といわれています。食物繊維も豊富で、腸をきれいにし、大腸ガンや高血圧、糖尿病など、生活習慣病の予防にも効果があるとか。

米を合わせて、米のうまみをいただいているのが、このポタージュの特長です。

■材料
枝豆(正味)　300g
玉ねぎ(みじん切り)　100g
セロリ(みじん切り)　60g
米　50g
鶏のブイヨン　3〜4カップ
オリーブ油　大さじ2〜3
牛乳　1〜2カップ
塩　小さじ2

■作り方
1　生の枝豆はさやから取り出す。
2　米は洗って、水に一〇〜一五分つけ、ざるに上げておく。
3　鍋に玉ねぎを入れ、オリーブ油を回しかけ、蒸らし炒めする。玉ねぎが炒まったらセロリ、米、枝豆を順に加え、蒸らし炒めする。
4　3にブイヨンを材料がかぶるくらい注ぎ、塩少々を加え、米がやわらかくなるまで静かに煮る。
5　4が炊けて粗熱が取れたら、ミキサーにかけ、こし器を通して鍋に戻す。
6　鍋を火にかけ、残りのブイヨンと牛乳で濃度を調節し、塩で味を調える。

冬瓜のえび葛引き（79ページ）

湿度の高い日本の夏から秋にかけて、冬瓜のみでなく、おばけきゅうりなどあらゆるうりの類を食べることには意味があります。うりの類は、腎気を養い、自然に体のむくみやだるさを軽くするからです。

冬瓜には皮や種にも薬効が知られており、ここ

1

では、種を守るわたをとりおいて炊き出し、この養分をとことんいただきます。

　また、葛引きは、うりのペクチンを葛でくるんで食し、胃腸の働きを助けます。血液を浄化する、体を温める、免疫機能を高めるなど身体全体をバランスよく改善するのも葛の優れた効能です。六月から九月初旬まで繰り返して召し上がってください。

■材料
冬瓜　¼個
えび　8〜10本（レモン1片）
一番出汁　3カップ〜
塩　適量
薄口しょうゆ　大さじ2〜
梅干しの種　2〜3粒
葛　30g

■作り方
1　冬瓜はわたを取り、四センチ角にし、皮を厚めにむく。種とわたはとりおく（写真1）。
2　とりおいた種とわたを鍋に入れ水を注ぐ。火にかけ、沸騰してきたら弱火にし、アクを引きながら、静かに栄養分を炊き出す。味をみてほどよいところで火を止め、煮汁をこす（写真2）。
3　1の冬瓜をざっと洗い、鍋にきっちり並べ詰め、一番出汁と2の煮汁をひたひたに張り、塩少々、梅干しの種を入れて静かに煮る（写真3）。八分どおり煮えたら火を止め、余熱でやわらかくする。
4　3の味をみて、必要ならば出汁を加え、不足分の塩と、薄口しょうゆを補う。えびのたたき身の煮汁と葛溶き用に、この煮汁を取り分ける。
5　えびは皮をむき、レモン汁少々をふりかける。背わたを取った身を包丁でたたき、酒（分量外）をふっておく。ここでは活えびを使ったので、頭はとりおき、添え物の素揚げにする。
6　小鍋にえびのたたき身を入れて、4の取り分けた煮汁適量を加え、やさしくえびに火を通す（写真4）。
7　4の取り分けた煮汁で葛を溶き、6に合わせ、えびのたたき身で葛あんを作る。
8　4の冬瓜を盛りつけ、上からたっぷりの葛あんをかける。
＊冬瓜によって、種やわたを炊き出すほどに、酸味が強く出るものもあるので、味をみながら炊き出すとよい。

2

3

4

【箸休め】
えびの頭の素揚げ 穂じそ添え（79ページ）

活えびならではの箸休めです。庭を彩る穂じそと共に素揚げにしました。この季節のおもてなしです。

スーパーミール（80、81ページ）

雑穀を食べるとよいという方が増えています。しかし不思議なことに燕麦、即ちオートミールの奨励はなかなか現われません。オートミールは、栄養豊富で消化に優れ、作るに手間ひまいらず、現代性そのものですのに。

このオートミールを強化し、執筆の時間作りに純日本式で創案したものがスーパーミールです。燕麦、玄米胚芽、小麦胚芽、ひきぐるみそば、きな粉、小豆粉、ごま、合わせて七種の材料を適正配合し、焙煎したスーパーミールは、世界随一の機能食。オートミール風に煮てポタージュやみそ汁と合わせるなど、最も簡便、適確にビタミンやミネラルがとれる〝私の一日の活力の源〟です。

作り方は、まずスーパーミールの二倍ほどの湯を沸かし、ひとつまみの塩、そしてスーパーミールを投入し、二～三分静かに炊き、粥状に仕上げます（写真1）。青菜やにんじんなど好みのポタージュ、またみそ汁などと共にいただきます。

前日にスーパーミールを、ヨーグルトと同量の牛乳を合わせたものであえて冷蔵庫に保存しておくと、乳酸菌の働きで非常になめらかになります（写真2）。翌朝、蜂蜜、果物、木の実などを添えると、いっそうおいしく、理想的な栄養構成となります。

＊スーパーミールは、そばアレルギーの方は食べられません。目下、そばを用いぬミールを配慮中。糖尿病の方は、医師に相談の上、分量を決めてください。

スーパーミールは「茂仁香」の通信販売にて購入可（七〇ページ参照）。

1

2

小松菜のポタージュ
（81ページ）

■材料
小松菜　250g
じゃがいも　500g
玉ねぎ、長ねぎ　各75g
オリーブ油　大さじ3
ローリエ　2枚
鶏のブイヨン　6～8カップ
牛乳　1～2カップ
塩　小さじ2

■作り方
1　小松菜は茎と葉にちぎり分け、それぞれ水を張ったボウルにつけておく。これを別々に塩（分量外）を加えた湯でゆで、冷水にとり、水気をきり、みじん切りにする。
2　玉ねぎは三ミリ厚さほどの薄切り、長ねぎは小口から薄切りにする。
3　じゃがいもは皮をむき、一センチ厚さほどのいちょう切りにして、一〇分ほど水にさらす。
4　鍋に玉ねぎと長ねぎ、オリーブ油を入れて火にかけ、ねぎの刺激臭が抜けるまで、弱火で蒸らし炒めする。ここに、じゃがいもの水気をきって入れ、ローリエも入れて少しの間蒸らし炒めする。さらに1の小松菜の茎を加えて、じゃがいもが五分どおりやわらかくなるまで蒸らし炒めする。
5　4に野菜にかぶる量のブイヨンと塩の半量を加え、充分やわらかくなるまで煮る。
6　1の小松菜の葉を水分を補いミキサーにかけ、取り分けておく。
7　5が炊けて粗熱が取れたら、ローリエを取り除き、ミキサーにかけ、こし器を通して鍋に入れる。
8　7の鍋を火にかけ、残りのブイヨンと牛乳を加えて濃度を調節し、6のピュレ状にした小松菜を加え、塩で味を調えて仕上げる。

ポルトガル風にんじんのポタージュ

（81ページ）

■材料
にんじん　500g
玉ねぎ　150g
トマト　250〜350g
米　60g
にんにく(薄切り)　小1かけ分
オリーブ油　大さじ3〜4
鶏のブイヨン　4〜6カップ
塩　小さじ2
牛乳　1〜2カップ

■作り方
1　玉ねぎは縦に薄切りにする。にんじんは皮をむいて四〜五ミリ厚さの小口切りにし、一〇分ほど水にさらす。トマトは皮と種を取り、ざく切りにする。米は洗って、ざるに上げておく。
2　鍋に玉ねぎとにんにくを入れ、オリーブ油を加えて火にかけ、蒸らし炒めする。しんなりしたところでにんじんを加え、にんじんのうまみが出るまで、さらに蒸らし炒めする。

3　2にトマト、米を加えてしっかりと蒸らし炒めしてから、ブイヨンをひたひたに入れ、塩少々を加えて、米がやわらかくなるまで煮る。

4　3の粗熱が取れたらミキサーにかけ、こし器を通して鍋に戻し入れる。再び火にかけ、残りのブイヨンと牛乳を加えて濃度を調節し、塩で味を調える。

ぬちぐすい〈沖縄発祥の気つけ薬〉（82ページ）

ぬちは命、ぐすいは薬。沖縄の起死回生用、気つけ薬とか。どんぶりにしっかりひとつかみのかつお節、おろししょうが少々、薄口しょうゆを回しかけ、熱湯を注ぎ、ふたをして一分。上澄みだけをいただきます。梅干しをしのばせてもよいでしょう。

時間不足、単身、不器用人、倦怠人のための、最高の自己救済術。

甘酒（82ページ）

私が子どもの頃、湘南の夏には「甘ーい、全く」と呼ばわり歩く、甘酒売りがいました。海水浴の後に必ず飲まされたものです。冷えた体を温め、疲れを瞬時に取り去るためなのですが、それはたっぷりのブドウ糖、アミノ酸が含まれているからです。甘酒は昔から飲まれてきた夏の栄養剤。温めてたっぷりのおろししょうがを添えて召し上がれ。

麹のにおいが少し気になるという方は、冷たい甘酒に牛乳やプレーンヨーグルトを混ぜてみてください。ストレートで飲むよりもにおいが和らぎ、飲みやすくなります。

近年、私は長野県の「大久保醸造店」（☎０２６３－３２－３１５４）の甘酒を愛飲している。濃厚でいてさらりとした切れのよさ、やさしい風味が特長。「茂仁香」の通信販売にても購入可（七〇ページ参照）。

あわびの肝粥

（83ページ）

あわび。夏の私どもの暮しは、この貝があることが一種の張合いです。なぜなのか考えていたら、あわびの香りであることに気づきました。あの香りは、あわびが食している深海の海藻の香りだったのです。深海のいのちの香り――海のいのちの香り。私たちのいのちが呼応するはずです。なんという神秘でしょう。

コラーゲンが豊富なあわびは、美肌を保ち、骨の老化を防ぐ効果も。また、肝に含まれる海藻由来のジメチルサルファイドという物質には、胃潰瘍に特効薬的な働きがあるともいわれています。

粥にとりかかる前に、まずあわびの肝でステーキを作り食べてみてください。

私の好みですが、丁寧ににんにく風味のオリーブ油を作り、軽く塩をふった肝を焼きつけます。肝に焼き目がついたらパセリをふり、白ぶどう酒、または日本酒をふりかけます。温めた皿に肝を取り出し、上から鍋に残った液をかけます。

あわびの身のステーキに、この肝を添えていただきます。なんとも無駄っけのない、すっきりした夏のおふるまいと考えます。

お粥に肝を用いる場合は、にんにくは使いません。ただ、上質のオリーブ油で焼き固め、これを細々に切り、用います。

難しいお粥ではないですが、練習量がものをいう。あわびを練習するのは、経済的に問題があります。鶏肉のレバーが上手に焼けなければ、あわびの肝は扱えません。ものには、順があるのです。

■材料

米　1カップ（水適量）
あわび（小）　2〜3個（塩適量）
オリーブ油、酒、塩　各少々

■作り方

1　あわびは塩をして軽くこすり、水洗いをして、殻からはずす（写真1）。肝はペーパータオルなどで水気をしっかりぬぐっておく。

2　フライパンにオリーブ油を入れ、肝を焼き固める（写真2）。フライパンの余分な油を除く。肝を細々に切り塩をふり、酒をふりかけて生臭みを解消する。

3　九分どおり炊けた粥に2の肝を入れ、なじませて炊き上げる（写真3）。

＊あわびの身は酒蒸しなどにする。

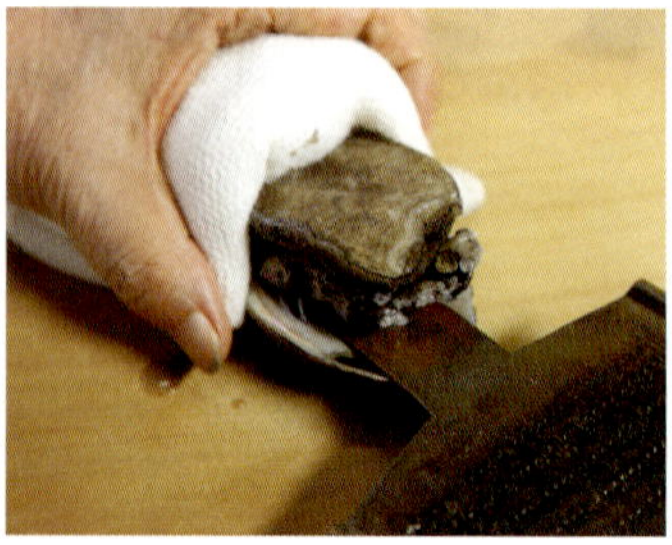

1

2

3

【箸休め】

なすの焼きみそ（83ページ）

みそとはいっても、緑黄色野菜であるピーマン、青じそ、それになすが入った野菜たっぷりの風味みそです。ピーマンは種の部分も入れています。最も栄養があるのが種ですから。

焼いたみその香ばしさにしその香りが重なって、なんとも食欲をそそります。青じそをこれだけたくさん食べられる料理も珍しいでしょう。箸休めや酒肴に、おにぎりやお弁当に。夏バテ気味とおっしゃる方にも是非召し上がっていただきたい。

■材料

なす（大）　1個
ピーマン　2個
青じそ　15〜20枚
しょうが　1かけ
オリーブ油　大さじ2½
八丁みそ　適量

■作り方

1　しょうがは皮をむいてみじん切り、ピーマンは実と種を分け、実は五ミリ角のあられ切り、種の部分も細かく切る。

2　鍋に油の半量を入れて弱火でしょうがを炒め、香りが出たところにピーマンの種を入れ、じっくり炒める（写真1）。続いてピーマンを入れて炒める。炒まったら一度火を止める。

3　なすを皮つきのまま七ミリ角のあられに切り、2に入れ、再び炒める。

4　青じそをみじん切りにし、3がしんなりしてきたらぱっと鍋に入れて炒め合わせる。

5　八分どおり火が入り全体がべったりしてきたら、鍋の周囲に円形に押しつけ、鍋の中心をあける。この中心に残りの油を落とし、炒め上がった野菜の⅕量見当のみそを入れる（写真2）。

6　みそを少し焼き焦がし、香ばしくなってきたところに、周囲の野菜を少しずつ寄せながら炒め合わせる。多めに作りおきするとよい（写真3）。

1

2

3

だだちゃ豆の粥（85ページ）

枝豆には、新陳代謝の活性化を促し、疲労回復作用が高いとされるオルニチンが、しじみより高い割合で含まれているとか。中でもだだちゃ豆は、しじみの数倍もオルニチンを含んでいるといわれています。

「基本の白粥の作り方」を参照して粥を炊きます。だだちゃ豆は八分どおり塩ゆでし、さやからはじき出し、薄皮を取ります。炊き上がった粥に豆を加え、塩少々で味を調え、ふたをして蒸らします。

【箸休め】牛肉の大和煮（85ページ）

大和煮は牛肉としょうがのせん切り、水で、肉がやわらかくなるまでコトコト煮ます。やわらかくなったところに、酒、みりんを加え甘みをつけ、最後にしょうゆを加えて味を調え、煮汁が少なくなるまで煮ます。作りおきしておけば、箸休めやお弁当に役立ちます。

乳清《ホエー》の冷製　白みそ仕立て（86ページ）

バターやチーズを作った後に残る乳清は、水溶性のたんぱく質や乳糖、ビタミン、ミネラルなどの宝庫です。鎮痛や鎮静、対ストレスに効き目があるという研究も進んでいると聞いております。

にもかかわらず、従来は大量に廃棄されてきました。そのまま飲んでもよいですが、みそ汁やポタージュ、フレンチトーストなど、色々に使えそうです。

■作り方

1　乳清は不思議な力があるので、これのみを頼る。六〇度Cくらいに温め、白みそを加える。溶けたら冷蔵庫で冷やす。

2　冷やした器にみそ汁を注ぎ、皮と種を除いたトマトのさいの目に切ったものや、季節の香りを添える。

乳清は、岩手県の多田克彦さんのところのものを使用。「遠野風の丘」（☎0198-63-1777）

穴子のてんぷらのみそ汁　小鍋仕立て（87ページ）

講演会に行く先々で、食生活調査をすることがあります。調査結果の傾向ですが、一週間に一回でもみそ汁を飲んでいる人は一人か二人。しかもそのみそ汁は具材から類推するに袋のみそ汁のようです。

これらの人々を放置しておくわけにはまいりません。どこの誰でも、作れるはずの食べもの、汁菜一体となった「おみおつけ」で生き直しをしてもらう。

従来の朝のみそ汁、懐石膳につける汁とは位置づけの異なる、新しいみそ汁の提案です。この、みそ汁と主菜を同時にいただける小鍋仕立ては、家族の帰宅時間がまちまちの現代の暮しにぴったりではないでしょうか。

■作り方

1　出汁は昆布とかつお節でしっかりめにとる。みそは中辛に白みそ三分ほど。すり鉢でみそを充分すり、出汁でやや濃いめに汁を仕立て、こす。

2　穴子は皮のぬめりを包丁の峰でこそぐ。それを立て塩で洗い、ざるに上げ、てんぷらにする。

3　いんげんは一本ずつのてんぷらにする。しょうがはせん切りにし、さっと水に放ちでんぷん質を除き、かき揚げにする。ごぼうはささがきにする。好みの薬味はしっかり水きりをしておく。

4　卓上にみそ汁を張った小鍋を据え、揚げたてのてんぷらを器に盛り、汁を張る。薬味を添えていただく。

みそ汁については『あなたのために――いのちを支えるスープ』（文化出版局）、『辰巳芳子　スープの手ほどき　和の部』（文藝春秋）に解説がある。

Sopa de ajo ソパ・デ・アホ

（93ページ）

スペイン語で、ソパはスープ、アホはにんにく。スペイン独自の対暑スープです。たっぷりのにんにくの薄切りをオリーブ油でじっくり焼き、スープで炊きます。本来はパンを用いますが、代りに麩を用いたところが眼目。麩は高たんぱく、低カロリーのうえ、すこぶる食べ心地がよろしい。

スペインという風土を生き抜く確かな手応えが、このスープにはあります。紹介する理由は、昨今の日本の気候の変化に対処する考え方への、新たな目のつけ方を教えられるからです。

頼りない病院食を食していた時、帰宅後、このスープで元気が戻ると思いました。活力の源のようなスープです。

■材料

にんにく　2〜3個（一人分として1½〜2かけ。大きさ、好みにより分量は調整する）

押し麩　5〜6枚

鶏のブイヨン　7カップ

玉ねぎ（2㎜の薄切り）　90g

にんじん（2㎜の輪切り）　60g

セロリ（2㎜の斜め切り）　60g

白粒こしょう　4〜5粒

ローリエ　1枚

パセリの軸　2〜3本

オリーブ油　適量

塩　小さじ1〜

■作り方

1　鍋に鶏のブイヨンを入れて火にかけ、温まったら、玉ねぎ、にんじん、セロリ、白粒こしょう、ローリエ、パセリの軸を加え、二五〜三〇分ほど静かに炊く。よい味になったところで、スープをこす。

2　にんにくは、芽を取り除き、二〜三ミリ厚さに切る。

3　厚手の鉄鍋を用意し、たっぷりのオリーブ油で、にんにくを焦がさぬよう弱火でじっくり焼く（写真1）。少し色づいたところで、にんにくは取り出しておく（写真2）。

4　麩は水につけてもどす。水でもどした麩は、両手で挟むようにしてやさしく水をしぼる。一枚を六切れほどに切る。これを3のにんにく風味の油で、表面がカリッとしてふっくら膨らむまで両面焼く（写真3）。

5　1のスープの鍋を火にかけ、塩を加える。3のにんにくと4の麩を入れ、味をなじませる。麩がやわらかく、にんにくと渾然となればでき上り。

麩は新潟県の「古金屋麩店」（☎0254-56-7150）の〝平おし麩〟をおすすめする。

1

2

3

秋

何をどのように食べていくか。日本の風土に気づき、何か一つでも旬の素材をと意識して求める。

そしてそれを食べた時の自分の体の反応を感じてみることです。

「気づき」のある人間であることが、学ぶことの始まりです。

日本の秋は、その春と等しく、静かで、優しい。そしていずれを見ても、「実り」がみとめられる。風土の特質の大ぶるまいを感じさせる。

風土とは何か、言葉で尽くせぬその教えきれぬところを山椒や柚子は一言で教えてくれる。

山椒と柚子は、日本の香りの双璧です。山椒は、季節の移ろいに伴って、木の芽、花山椒、青い実山椒、割り山椒、粉山椒。柚子は、花柚子、青柚子、黄柚子と変化しながら、吸い口として季節を表わしていきます。

庭に山椒があって、その若芽から小さな実まで使っていけるなんて、日本人なればこそです。

日本人は昔から、菊の花を食べて秋を愛でていました。自分たちの食文化の美しさに、今一度
気づいていただきたい。

菊の粥

【箸休め】くるみの甘炊き

さつまいものポタージュ

作り方は137ページ

コーンスープ

さつまいも粥

【箸休め】ぷるぷるこんにゃく、
即席柴漬け

作り方は140ページ

冬瓜と豚肉の山椒鍋

作り方は141ページ

今大切なのは、雑穀を食べ馴れるということです

「雑穀」という文字を前にして、読者の多くは、何を思い巡らしなさるのかな、と思っております。辰巳さんは、ちょっと目新しい提案をしようとしているのかな、とお感じの方が多いのではないでしょうか。私は別に皆さまの気を引こうとして、雑穀を持ち出したわけではありません。

実は、昔々から、日本人の食生活は雑穀抜きには、考えられませんでした。つまり、平均して米の収穫はあったわけではないと思います。米と雑穀類は、蒔いて育てる時期が半年以上ずれていきます。この半年の差が、自然の条件をかわして、何かしら、食糧を確保なしうる、生きるための賢い方法であったと考えられます。

雑穀と豆は、何かしら食糧を安定して用意しておくための、生きていける方法の一つであったと考えられてなりません。為政者は、領民に安定した食糧を用意するのに、常に用心深く方法を配慮していたのです。

金で、他国から買えばよいと考えるのとは異な

皿上の雑穀は、スプーンから時計回りに、ひえ、あわ、大麦、そば、きび。スプーンの中身は、雑穀の性根を和らげるオリーブ油。後ろの穂は、奥から、たかきび、あわ、きび、ひえ。

Olio Extra Vergine di Oliva
100% Italiano
da olive di tutta Italia
confezionato da
Azienda Olearia del Chianti
0,50 L e

ります。

一〇年先、金で食物が入手できるか否か。食糧は、せめて、七〇パーセントは自国でまかなえねばなりません。現在の四〇パーセントでは、国際場裡で日本の発言権は、無きに等しいはずです。

個人生活で、自分で食えない人間の発言を、重んじることがあるでしょうか。国家間でも同じです。それと、いよいよ、行き詰まった時、素人でも、雑穀と豆は育てられます。

　育てる前に、まず、食べ馴れておかねばなりません。私の提案の底意は、これです。雑穀を調理する、食べるに馴れる、です。私たちは、持たざる国に生きていることを忘れてはならないはずです。

　皆さま、私がこのあと記す雑穀を、どの程度ご存じですか。

　代表的な雑穀——あわ、ひえ、きび、燕麦、そば、アマランサス、はと麦。

　雑穀は、薬や肥料を使わず栽培できる。安全で、栄養に富む。


　今回発表した雑穀のポタージュの方法で、雑穀のくせを巧まずして解消できたと思います。においはちょっとほこり臭い、味は少し渋いかなというのが雑穀なのです。西欧式の〝アク〟への手当てを導入したことによって、至って自然にそれが収まっています。

　終りに、里芋を揚げて入れ、日本人が食べ継いできた「食材とその食べ方」、それを追試することで、私どもは何を体感なしうるのか。

　おそらく、民族的な自己の位置づけに類することであろう、と思います。


思想家であり、食文化研究家である桜沢如一は「現代の日本人の体力は、先人たちが雑穀を食していたから」と語り、辰巳さんは伝わるいのち、伝えるいのちの重要性を知る。現代に雑穀を取り戻す試みの一つが、雑穀のポタージュ。手順写真上から、大麦と雑穀を浸水させる。雑穀のひなた臭さはオリーブ油で解消。大麦、ひえ、あわ、きびを炒め合わせる。

雑穀のくせをオリーブ油で解消する。これは日本にはない料理手法です。自国の文化の行き詰まりは、異文化で洗う。すべてのことを普遍的にとらえることが大切なのです。

雑穀のポタージュ
【箸休め】春菊のサラダ

作り方は142、143ページ

雑穀は二十一世紀を支えてくれるであろうし、二十二世紀に、よい形でおくっていきたい資産です。小粋においしく、さらに手をかけないで食べられる雑穀料理を提示するのが、料理家としての使命と考えています。

かけがえのない話を聞きましたよ。

ドイツが黒パンと密着していた時代、ブルターニュがそば粉に頼っていた時代、ロシアがそばの実の粥を食した時代、人々は動物の肉をあまり必要としなかった、と。

ひえとあわの粥（手前）、
麦粥（奥）
【箸休め】かきのから煮

作り方は144ページ

作り方　秋編

粥は「基本の白粥の作り方」（39ページ）を参照してお作りください。

菊の粥（123ページ）

このように美しい食べものを作れることを嬉しく、誇らしく思います。

国賓接待の献立に加えたいとさえ、思う。仮に、洋風のコースであっても、加えようがあるはず。客人は讃辞を惜しまぬと思う。特に花に乏しい国の方々は、格別の羨望を抱かれるでしょう。作り方で難しいことはありません。一番大切なことは、米と菊の素材の選び方です。米は硬質米。花は絶対に無農薬でなければなりません（一番よいことは、自分の育てた菊を使うこと）。

花托からはずした菊は、吸い物くらいの塩水にしばらく浸し、汚れをほとびらかします（写真1）。竹籠にとり、八〇度C程度の湯で籠ごと湯引き（煮立った湯に投じてはならない。写真2）、水につけて粗熱を取り、氷水にとって冷却し水気をしぼります。急速に冷やし、しゃっきりとした歯ざわりを残します。炊き上がった粥に菊を散らします。

＊菊の花びらは軽くて扱いにくいので、私は湯引き終わるまではすべて竹籠ごと扱っています。

＊粥には好みで、くるみの甘炊きを添えてもよいでしょう。

菊の甘酢漬け

この季節ならではの菊は、甘酢に漬けて冷蔵庫に保存しておくと、あえ物や酢の物に加えるなど、随時楽しめます。この場合、菊はアクを解消するため塩と酢を加えた湯で湯引きます。そのほかの扱いは上記同様にし、甘酢に漬けます（写真3）。

1

2

3

さつまいものポタージュ

（124ページ）

さつまいものポタージュも秋ならではの味わい。シナモンのかすかな香りが焦点です。

切ると出てくる白い液は、ヤラピンという樹脂の一種で、腸の蠕動運動を促進するとか。豊富な食物繊維との相乗効果で、体内をきれいにするそうです。

■材料

さつまいも　500g

玉ねぎ(みじん切り)、ポワロ(なければ日本ねぎでもよい。共に小口切り)　各50g

オリーブ油　大さじ1½

バター　大さじ1½

鶏のブイヨン　6~8カップ

シナモンスティック　½~1本

ブーケ・ガルニ(セロリ、パセリの軸、ローリエ、タイム)　1束

牛乳　1½~2カップ

塩　小さじ1½~2

浮き実——さつまいも　適量

■作り方

1　さつまいもはアクが強いので厚めに皮をむき、六~七ミリ厚さの輪切りにし、水を替えながら六~七分さらす。

2　鍋に玉ねぎとオリーブ油を入れて、玉ねぎがしんなりするまで蒸らし炒めする。ここにポワロとバターを加え混ぜ、よい香りがするまで蒸らし炒めする。

3　さらにさつまいもを加えて、六分どおりやわらかくなるまで蒸らし炒めする。水分が不足するようなら、少し水をさしながらするとよい。

4　さつまいもの少し上まで鶏のブイヨンを注ぎ入れ、シナモンスティック、ブーケ・ガルニ、そして半量の塩を加える。アクを取りながら、さつまいもがやわらかくなるまで静かに煮る。

5　粗熱が取れたら、シナモンスティックとブーケ・ガルニを除き、ミキサーにかける。その後、裏ごしを通せば、羽二重のようななめらかさになる。

6　5を鍋に移し、残りのブイヨンの一部でミキサーの内側を洗い、これも鍋に入れる。鍋を火にかけ、残りのブイヨンと牛乳で濃度を調節し、塩で味を調える。

7　浮き実を作る。さつまいもは七~八ミリ角のさいの目に切る。鍋にさつまいもとひたひたになるくらい水を入れ、塩、バター(共に分量外)を加えて、やわらかくなるまで煮る。ポタージュに適量浮かせて供する。好みでメープルシロップを添える。

コーンスープ（125ページ）

昭和初期、ポタージュの代表はコーンスープでした。昭和二〇年過ぎ、私がフランス料理を習いはじめた頃、このスープのベースはベシャメルソースでした。美味でしたが、いかんせん、バターたっぷり。

ここに、ベシャメルを使わないコーンスープを二つご紹介します。一つは、新鮮なとうもろこしの、芯のうまみをも余さずたっぷり取り込んだものです。自然の味わいが秀逸です。

もう一つはクリームタイプの缶詰めを用います。粥のポタージュ性に気づいてから、ベシャメルから抜け出し、重湯でのばすことで、馴染みのポタージュを至って簡単に作ることにしました。手品みたいです。

■材料

とうもろこし（ホワイトコーン）　500g
玉ねぎ（みじん切り）　130g
鶏のブイヨン　4〜6カップ
牛乳　適量
オリーブ油　適量
塩　適量

■作り方

1　生のとうもろこしは実を切り離す（写真下）。芯もとりおく。
2　鍋に玉ねぎとオリーブ油を入れ、玉ねぎがしんなりして刺激臭がなくなるまで蒸らし炒めする。
3　さらにとうもろこしを加え、とうもろこしの香りが出てくるまで、じっくり蒸らし炒めする。
4　鍋にとうもろこしの芯と水をひたひたになるまで入れ、火にかける。芯のうまみを抽出し、こして汁をとりおく。
5　3の鍋に4の汁とブイヨンをひたひたに加え、とうもろこしがやわらかくなるまで煮る。
6　5の粗熱が取れたらミキサーにかけ、こし器を通して鍋に戻し入れる。
7　再び火にかけ、残りのブイヨンと牛乳を加えて濃度を調節し、塩で味を調える。

缶詰めを使う場合

缶詰めはクリームタイプを使用。玉ねぎ、鶏のブイヨン、牛乳などは上記を参照。蒸らし炒めした玉ねぎに、クリームタイプのとうもろこし、ブイヨンを加えて煮て全体をなじませます。上記6と同様に扱い、重湯を加え、残りのブイヨンと牛乳で濃度を調節し、塩で味を調えます。

＊重湯については三九ページ参照。

さつまいも粥（126ページ）

この粥は、一〇歳くらいの子どもを思わせる雰囲気になるように。

さつまいもの甘みが米のでんぷんでくるまれて、やさしい味わいのお粥です。さつまいもには、ビタミンCや食物繊維がたっぷり含まれているので、体の内も外もきれいにしてくれます。子どもにも、ご病人にも、寄り添ってくれる粥ではないでしょうか。

箸休めのぷるぷるこんにゃくと柴漬けが、味の起伏と食感の面白みを添えてくれます。

■材料

米　1カップ（水適量）
さつまいも　200g
塩　少々

■作り方

1　さつまいもは皮を厚めにむき、一～一・五センチのさいの目に切る。水で洗ってからしっかりめの塩水に一〇分ほど浸し、ざるに上げる。

2　「基本の白粥の作り方」の要領で粥を炊き、六分どおり炊けたところに、さつまいもを入れ、さつまいもがやわらかくなったところででき上り。

【箸休め】ぷるぷるこんにゃく（126ページ）

こんにゃく一枚は塩でもんで、たっぷりの湯で三分ほどゆでて水にとり、数回水を替えます。縦半分に切り、横から正方形に薄く薄く切ります。

鍋にオリーブ油とごま油各大さじ一を熱し、こんにゃくを一〇分ほど炒め、しょうゆと酒各大さじ二を加えて火を弱めて味がしみ通るまで煮ます。種を取ったとうがらしの輪切りを散らします。

【箸休め】即席柴漬け（126ページ）

きれいに染めるには、下漬けと本漬けをします。

なすはへたを落とし縦の縞状に皮をむき、七ミリの輪切り。きゅうり、みょうが、ししとうは小口切り。しょうがはせん切り。ほうろうの容器に野菜を入れ、赤梅酢を注ぎ軽い重しをのせ、赤梅酢から野菜が出ない状態で半日おき下漬けします。下漬けの赤梅酢を流し、新たな赤梅酢を注いで赤じそを加え、重しをのせ一日おきます。

冬瓜と豚肉の山椒鍋

（127ページ）

冬瓜、夕顔、沖縄の赤毛瓜《モーウィ》、太くなってしまったおばけきゅうりなど、冬瓜に限らずうり類ならなんでも使っていただいて結構です。

七九ページでも冬瓜の料理を紹介していますが、体の熱やむくみを取り、腎臓の働きを助けてくれるうり類。夏から秋にかけて、繰り返し召し上がっていただきたい。

■材料

冬瓜　½〜¼個（大きさによる）
豚の三枚肉（薄切り）　250〜300g
山椒（実や葉）　適量
にんにく（薄切り）　1かけ分
しょうが（薄切り）　1かけ分
オリーブ油　大さじ2〜3
一番出汁　4〜5カップ
薄口しょうゆ　適量
塩　少々
葛　大さじ3〜

■作り方

1　香油を作る。小鍋にオリーブ油、にんにくとしょうが、山椒を入れて、弱火で香りを引き出す（写真1）。

2　バットに三枚肉を広げ、香油をまんべんなくかけ、二時間ほどおく。

3　冬瓜は種とわたを取り、小指くらいの大きさに切って、土鍋に敷きつめる。

4　種とわたはとりおき、「冬瓜のえび葛引き」（九八ページ参照）同様に、種とわたの栄養分を炊き出す。こして煮汁をとりおく。

5　3に一番出汁と4の煮汁をひたひたに張り、塩としょうゆで調味し、1の山椒をのせて火にかける（写真2）。

6　冬瓜が八分どおりやわらかくなったところに、出汁で溶いた葛を注ぎ、弱火にかけ全体にとろみをつける。

7　2の豚肉を鍋全体に広げ（写真3）、ふたをして肉に火が通るまで炊く。好みで、すだちや溶きがらし、しょうゆを添える。

1

2

3

雑穀のポタージュ

(132ページ)

昭和初期頃までは体力のある方が多かった。完全軍装八貫目三〇キロ、日本の歩兵はこれで歩いたといいます。雑穀を食した体質のゆえという方もおられます。

日本の雑穀の自給率は一〇パーセント、雑穀は、気候の変化にもよく耐えるとも聞きます。日本の休耕田対策は、飼料用米の水田より、即雑穀の畑にするほうが効率的ではないでしょうか。それには、消費者がより自覚して上手に美味に雑穀を食す習慣を身につけて、需要を増やさなければなりません。

食すにあたって、雑穀は栄養的には優秀ですが、昔ながらの米に混ぜて炊くのでは、ひなた臭さや渋みといったくせが収まりません。ここでは、オリーブ油を使うことで、そのくせを解消しています。

このポタージュは雑穀のよいところを引き出した、雑穀の本来性を生かしたスープです。

■材料

大麦(押し麦)　100g
ひえ　40g
あわ　40g
きび　40g
塩豚　100g(レモンの薄切り1片)
玉ねぎ(みじん切り)　130g
セロリ(みじん切り)　70g
ローリエ　2枚
オリーブ油　大さじ3
白ぶどう酒　⅓カップ
鶏のブイヨン　6～8カップ
塩　小さじ1～
里芋　適量
揚げ油

＊塩豚の作り方　豚の三枚肉(塊)は脂の少ないものを選び、塩をすり込んで(写真1)、二～三日冷蔵庫におく。肉四〇〇グラムに対し、塩一二～一四グラムが目安。

■作り方

1　大麦、ひえ、あわ、きびはそれぞれ流水でよく洗い、水に一〇～一五分つけて水気をきる。雑穀の粒は細かいので、目の細かいざるを使うとよい。

2　塩豚は五～七ミリの厚さに切り、レモンを入れた湯(七〇度Cくらい)で湯引く。これをよく洗ってから幅五ミリほどに切り、フライパンでゆっくりと炒めて余分な脂を除く。

3　鍋に玉ねぎとオリーブ油を入れ、木べらでな

1

2

3

じませてから火にかけ、蒸らし炒めする。刺激臭がなくなったらセロリとローリエを加え蒸らし炒めし、さらに、2の塩豚を加え、炒め合わせる(写真2)。
4　3に1の大麦を入れて蒸らし炒めし、さらにひえ、あわ、きびを加え、蒸らし炒めにする(この時、焦げそうなら水少々を加える)。
5　4の鍋に白ぶどう酒を注ぎ全体をよく混ぜ、鶏のブィヨンを具の上二センチくらいまで加え(写真3)、塩小さじ½を入れる。火を強めの中火にし、煮立ったら弱火にして、粥状になるまで炊く。時々木べらで混ぜ、焦げつかないようにする。
6　里芋は皮をむいて乱切りにし、素揚げして、軽く塩(分量外)をふる。
7　5のポタージュに残りのブィヨンを入れ濃度を調節し、6の里芋を加え(写真4)、塩で味を調える。
＊分量は八～一〇人分。手順5の段階まで作って冷凍しておけば、浮き実やブィヨンを加えるだけでたちどころに雑穀のポタージュができる。

4

【箸休め】
春菊のサラダ（132ページ）

季節のサラダを添えます。春菊は水を張ったボウルにつけ、自然に汚れが落ちるのを待つと同時に、葉を蘇生させます。玉ねぎは薄切り。春菊の水気を取り、食べやすい大きさにちぎり分け、玉ねぎとあえます。オリーブ油で軽くコーティングし、塩をふり入れ、酢を回しかけさっと混ぜ合わせます。

ひえとあわの粥、麦粥（135ページ）

雑穀はミネラルやビタミンなどの栄養価が高く、水溶性の食物繊維の量の多さにも注目です。また、米とは栽培、収穫の時期がずれていることにも価値があります。気候の変化で米が採れない年も、雑穀を蒔いておけば、何かしら食べるものは手に入るというわけです。生きるための賢い方法であったのです。

ひえとあわの粥と麦粥の材料の比率は、米一に対し、雑穀や麦は⅓〜¼、水は五倍量。「雑穀のポタージュ」（一四二ページ参照）同様に扱い米と合わせ、「基本の白粥の作り方」同様に炊きます。

【箸休め】
かきのから煮（135ページ）

かきは寝汗が止まるほどの滋養があり、消化にも優れています。季節には積極的に召し上がっていただきたい食材です。

■材料
かき　250〜300g（塩、レモン各適量）
酒　1カップ
みりん　⅔カップ
しょうゆ　½カップ
しょうが（せん切り）　適宜

■作り方
1　かきは塩をふって振洗いし、流水で洗い、レモンをしぼる。
2　平鍋にかきを並べ、調味料を加え、かきに火が入るまで煮る。この時、煮汁が多ければ、いったんかきを取り出し煮汁を少し煮つめる。再び、鍋にかきを戻し入れ汁をからめる。好みでせん切りしょうがを添える。

冬

飾るだけの道具は持っていても仕方がない。道具は人間との関係で生きているものでしょう。
うちの道具は幸せですよ。使って使って使い抜いた道具だもの。

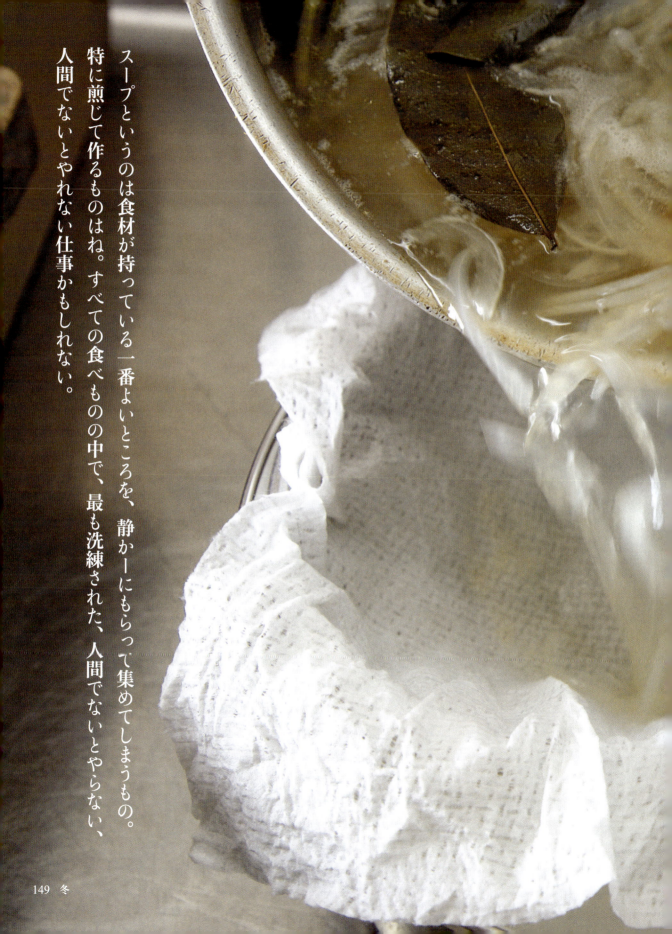

スープというのは食材が持っている一番よいところを、静かーにもらって集めてしまうもの。
特に煎じて作るものはね。すべての食べものの中で、最も洗練された、人間でないとやらない、
人間でないとやれない仕事かもしれない。

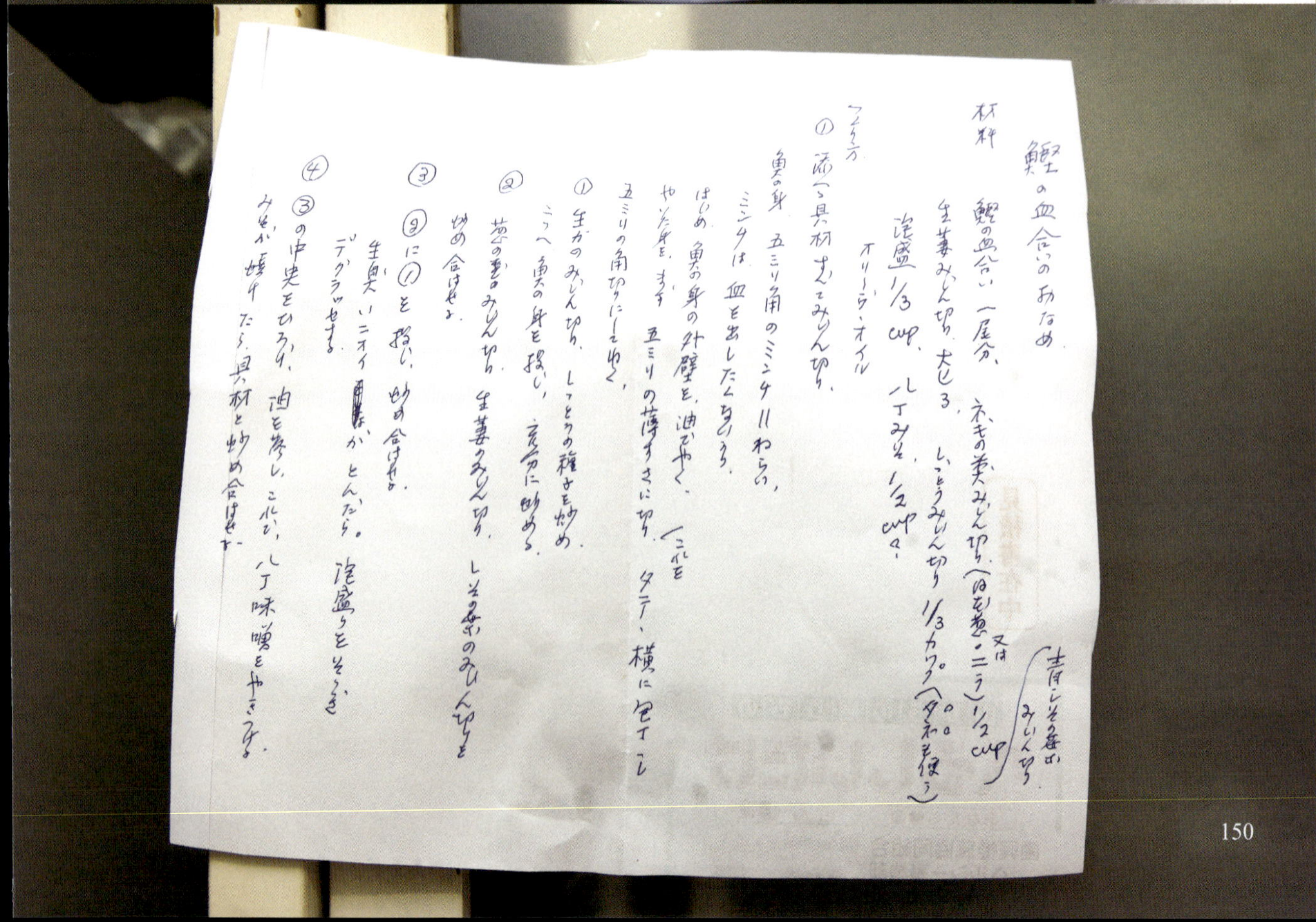
鰹の血合いのおなめ
材料
鰹の血合い 一尾分、ネギの葉みじん切り(白ネギ・ニラ 又は)1/2 cup 青じその葉みじん切り
生姜みじん切り 大さじ3、ししとうみじん切り 1/3カップ(タネも使う)
泡盛 1/3 cup、八丁みそ 1/2 cup。
オリーブ・オイル
つくり方
① 全ての具材すべてみじん切り。
鰹の身 五ミリ角のミンチ位、
ミンチは血を出したくないから。
はじめ鰹の身の外壁を、油でやく。
やいた身を、まず五ミリの薄さに切り、これをタテ、横に包丁し
五ミリの角切りにしてゆく。
② ① 生かのみじん切り、ししとうの種子を炒め
ニラへ鰹の身を投じ、充分に炒める。
② 葱の葉のみじん切り、生姜のみじん切り、しその葉のみじん切りを
炒め合わせる。
③ ②に①を投じ、炒め合わせる。
生臭いニオイがとんだら。泡盛をそそぎ
デグラッセする。
④ ③の中央をひろげ、油を差し、これで、八丁味噌をやきする。
みそが焼けたら具材と炒め合わせる。

お料理をすることの中に、人間形成の具体的な場があるということ。どの場にどのような具体的な方法がどことどのように結びついていくのか、ひたすらそれを考えていくのでなかったらとても続かなかなかったでしょうね。ただ技術としてのお料理を教えるだけではね。

写真上　かつおのあらにミルポアを添えて炊き出したスープは、黄金色にしてすこぶる清らか。ミルポアは玉ねぎ、にんじん、セロリといった香味野菜。「ミルポアの効果は計り知れない。味の膨らみが違う」と。あさりやしじみのコンソメに、かつおのスープに、西洋料理の方法を応用し、味と栄養を補う。

味を決める――それを繰り返していると、判断力、決断力が磨かれて、しかも瞬時にそれを行使できる。そういう人間になっていくんじゃないかと思うわね。直感的にこっち、これって。

コンソメ類の葛引き粥

上手にひいたコンソメは、雑味がなく、「結構」が形になったようなもの。

この結構にとろみをつけると、煎汁の醍醐味をゆっくり、口中で楽しみ、讃えられる。この喜びをよいお米にからめて味わうのは、妙味があるのではと考えます。

「牛肉」「鶏肉」のコンソメに葛を引いてみた。病んで、ものが食しにくい方は、ゆっくりのみ込めるから、むせることもなく満足されます。

葛を引けるか引けないか。こういうことを心得ているかいないか。「思いやり」が表現できるかできないか。なんでもないことながら、人生の明暗が見えます。

牛のコンソメの作り方は、著書『あなたのために――いのちを支えるスープ』に書きましたが、病人をお世話しながら、コンソメを作りにくいかもしれません。であれば、気心の知れたコックさんに作っておもらいになるのをおすすめします。これを一回分ごとに分け冷凍。

浮き実の白きくらげは、味として取り柄はないですが、口ざわりは、まれなる心地よさ。粥のねっとりに、これを取り合わせたのは、賢い。(味の奥義を知っている人の仕業)

白きくらげ入りの葛引き粥に添える薬味は、花山椒、といきたいな。となると、粥の名は「花がゆ」。ゆえに箸休めはずいきのごま酢でしょうね。

牛コンソメの葛引き粥

【箸休め】煮たくあん

作り方は176〜178ページ

しじみコンソメの玄米粥

【箸休め】しじみと青ねぎのかき揚げ

作り方は178、179ページ

かに粥

【箸休め】かにの共あえ

作り方は180ページ　

かつおのあら汁
みそ仕立て、
菜飯

形面白き大小のふたつき土鍋の数々。あって当たり前の土鍋ですが、実は火力に耐える土は世界広しといえども希少なのです。日本でも限られた地方の限られたもの。まず「土」に驚き、感謝したい。

寄せ鍋

【箸休め】炒りぎんなん

作り方は182、183ページ

人間の体調を自然に整えてくれる。それが風土に根ざした食べものなのです。

食生活の見直しってね、昔から食べるようにいわれているものをきちんと食べていけば、私はそれがなによりと思うんです。

白米ではなく三分づきとか五分づきのお米を食べる。日本の大豆で造ったみそ、しょうゆを使う。ちゃんと出汁をひく。糠漬けをする。伝統的な常備菜をもう一度食卓に取り戻す。

日本の食文化の中にある賢いもの、捨ててはいけないものを改めて見直して、それに則って食べる時が来た、と私は思いますね。

とろろ汁

【箸休め】しめ鯖の焼き物

　作り方は184、185ページ

お粥に添える「箸休め」のこと

【箸休め】
炒りぎんなん

作り方は185ページ

箸休め、お添えと呼ぶものは、ものを食べ進めるにあたっての「味の起伏」と「食感の面白み」を求めて、おのずから工夫・考案されたものと考えます。

これは日本の食文化の基底にある、日本的な求め方――傾向の一つでありましょう。オートミールやロシアのカーシャ（そばの実で作られるお粥）は、粥は粥でも、食生活全体の中での位置づけ、扱いが日本とは異なるようです。したがってそれらに箸休めを見たことはありません。中国や韓国にはありそうですが、旬が香ることはあるでしょうか。

箸休めは、作ってみると、その言葉ほど気楽なものではなく、「才覚」と「まごころ」が問われます。では、どのように考えればよいのでしょう。

1　金はかけない。身近な材料を使う。
2　季節感を忘れぬよう。
3　手早く仕上がる調理法。
4　〝展開料理〟の考え方を取り入れる。

- 調合調味料を一週間分ずつ持つようにする。二杯酢、三杯酢、八方つゆ、ごまあえ衣、合せみそなど。
- 各種の野菜を一緒に蒸したものも用意しておく。じゃがいも、にんじん、玉ねぎ、里芋など。

【箸休め】
炒りむかご

【箸休め】
柚子の砂糖がけ

作り方は185、186ページ

・各種野菜の甘酢漬けを作り、瓶に保存して、持つようにする。

5

〝おなめ〟というものを再認識する。

・日本は麹の国だから、上等のおなめは各地方にあると思う。これをよく調べて常備し、巧みに使い回しする。さらに、従来のおなめに不足する、高たんぱくのおなめを考案する。かつお節、鶏のレバーを取り入れたものなど。つくだ煮、漬物も研究する。

6

・塩分控えめでも、日持ちさせるには、梅干しを使う。

・肉類のつくだ煮を持っているようにする。

終りに興味深いこと。それは、粥の箸休めと酒の肴は共通点があり、粥に向くもので「酒がうまい」ということ。ですから、粥の仕事で、まごころの込め方を磨き、酒肴ではなを咲かせる。

カッコイイじゃありませんか？

〝展開料理〟については『家庭料理のすがた』(文化出版局)に一部紹介。『辰巳芳子の展開料理　基礎編』『同　応用編』(共にエムオン・エンタテインメント)に詳細がある。

秋から冬、酢漬けなども重宝する。右上から下へ、ずいきの酢漬け、酢ばす、ごぼうの酢漬け、かきのオイル漬け、たらこ、にんじんの酒炒り、いくらのしょうゆ漬け。

春、粥の箸休めに。右上から下へ、じゃこの炒ったもの、塩昆布、梅干し、あさりのむき身(コンソメを炊き出した後の身)、菜の花漬け。

【箸休め】かつおの血合いのおなめ

　作り方は186ページ

作り方 冬編

粥は「基本の白粥の作り方」（39ページ）を参照してお作りください。

牛コンソメの葛引き粥（157ページ）

牛コンソメで粥そのものを炊くよりも、粥をコンソメでくるんで食べるほうがうまいと考えた方法。

牛コンソメは、作りにくいのであれば、知合いのコックさんに作ってもらうなど、工夫してください。

箸休めの煮たくあん。向こうが見えるほど薄く切り、たくあんの性が抜けぬ程度にさらします。このあたりは経験がものいうところ。この粥と、煮たくあんの組合せは、なかなかのものと思います。

■材料

［牛コンソメ（1回に作る最少量）］

牛すねひき肉（鮮度のよい、ひきたてのもの。粗びき）　800g～1kg

玉ねぎ（2mmの薄切り）　150g

にんじん（3mmの輪切り）　100g

セロリ（3mmの薄切り）　100g～（私は多めに用いる）

卵白　2個分

水　16カップ

昆布（5cm角）　4～5枚

干ししいたけ（原木のもの）　大3枚（小なら5枚）

ローリエ　2枚

白粒こしょう　10粒～

塩　小さじ1½～2

＊鍋は、ほうろうかステンレスの寸胴鍋を用いたい。

［粥］

米、水　割合で1：5

白きくらげ、葛、柚子　各適量

■作り方

1　昆布と干ししいたけは一緒に水でもどす。この水を量り、新たな水を加えて一六カップとする。

2　深鍋に、ひきたての肉を入れ、玉ねぎ、にんじん、セロリと卵白を加えて、手でよく混ぜ合わせる。肉を握り込んでは指の間から肉が出るように練ること。ここに徐々に1の水を加えてはもみ込み、さらに水を加えてはもみ込む。水をすべて入れ終えてから、1の昆布、しいたけ、ローリエ、白粒こしょうを加える。

3　2の鍋を強火にかけ、木しゃもじでS字形を描くように、底から絶えずかき混ぜながら煮る。煮立ってくる寸前までかき混ぜていると、素材全部がまとまり、鍋の表面に浮き上がってくる。この状態になったら、かき混ぜるのをやめ、そのまま炊き続ける。

4　泡がふつふつ吹き上がるようになってきたら火を弱め、煮立ちを維持する火加減にして、一時間以上煮る。この間、絶対に混ぜてはいけない。

5　ふつふつ煮続けていると、自然にスープは澄んで、透き通ってくる。

6　スープをこす。こし入れる寸胴鍋はほうろうが最適。木綿の布(鍋の直径にたっぷりかかるもの)を用意し、熱湯で洗い、かたくしぼる。鍋の上にかぶせ、布の角と角を寄せて、鍋の胴にしっかり縛りつける。この布の中央を少々くぼませて塩を小さじ一ほど置き、レードルでスープをすくい、静かにこし入れる。

7　全部こし終わったら、さらに和紙で表面に浮いている脂を吸い取る(あるいは、冷やし、脂を固めて取り去る)。

8　7のスープを火にかけ、味をみて塩加減を定める。

9　コンソメを適量とり冷まし、葛を溶く。白きくらげもコンソメで少し煮る。

10　粥用のコンソメに葛を引く。

11　炊いた粥を椀に盛り、葛引きのコンソメをかけ、白きくらげを添え、柚子の細々をふる。

牛コンソメについては『あなたのために——いのちを支えるスープ』で、写真入りで解説している。

【箸休め】

煮たくあん（157ページ）

早めに食べるようにと、塩を抑えて漬けた甘口のたくあんは、暑さに向かうと酸味を帯びて、そのままではおいしく食べられなくなります。この酸味を利用するのが煮たくあん。人が生きにくかった時代、民族の智恵を見る思いがします。こうした、至って日本的なるものを忘れてはならない。おしゃれの極致。

■材料
たくあん　1本
酒、水、しょうゆ　割合で1：1：½
梅干し　1～2個
赤とうがらし　3～4本

■作り方
1　たくあんは、よく切れる包丁でこれ以上は薄く切れないというぐらいに薄く切る。
2　鍋またはボウルに1を入れ、水を張ってしばらくさらし塩気を抜く。さらに火にかけてゆで、塩気や酸味、臭みを除く。かといって、何も味が残らないほどうまみを抜いてしまってはおいしくない。塩気、酸味、臭み、そして、歯ざわりを少しずつ残すのがこつ。何度か作ってみて、加減を覚える。
3　薄く切ったたくあんを一枚ずつ重ねて両手のひらの間に挟み、水気をしぼる。この仕事は、水から上げてすると手間がかかる。寄せ集めてしぼれば、薄片は見る影もないよれよれとなり、さらにそのまま煮炊きすれば、残りものさながらとなる。
4　鍋に3を丁寧に並べ、酒、水、しょうゆ、梅干しを入れ、風味を添えるために赤とうがらしも入れ煮る。煮上りは、煮汁がひたひたであるように。

チキンスープの葛引き粥（158ページ）

チキンスープはいつもやさしい。このやさしさには、卵くらい使わないと、立上り不足になると考えました。鶏のブイヨンの作り方は、以下に記しますが、家庭で不可能な場合、また、病院や給食など大量に必要とする場合は、〝チキンクリア〟と呼ぶ濃縮冷凍ブイヨン（七〇ページに紹介）が有効です。
この粥のやさしさには、青菜の箸休めが欲しくなると、とれとれの菜ものにしました。

■材料
［鶏のブイヨン（1回に作る最少量）］
鶏の首骨　5本
鶏手羽先　5本（レモンの輪切り2片）
玉ねぎ　1個（150g）
にんじん　玉ねぎの半量（75g）
セロリ　玉ねぎの半量（75g）
ブーケ・ガルニ　1束
白粒こしょう　10粒
昆布（5cm角。水でもどす）　5枚
干ししいたけ（原木のもの。水でもどす）大3枚（小なら4枚）
水（昆布と干ししいたけのもどし汁を合わせる）13カップ
［粥］
米、水　割合で1：5
卵、葛、塩　各適量

■作り方
1　鶏の首骨は、重い包丁でよくたたく。充分たたいておかないと、味が出ない。
2　鍋に湯を沸かしてレモンの輪切りを入れ、鶏の手羽先と首骨を湯引き、冷水でよく洗う。
3　深鍋に2の鶏、皮をむいた丸ごとの玉ねぎと二つ割りにしたにんじん、セロリを入れ、ブーケ・ガルニ、白粒こしょう、昆布、干ししいたけを入れ、分量の水を注いで強めの中火にかける。
4　3が煮立ったところで火を弱め、途中、浮いたアクを取りながら、一時間ほどコトコト煮出す。ただし、昆布としいたけ、野菜類は三〇分ほどで引き上げる。
5　火を止め、直ちに、コットンペーパーを敷いたこし器でこす。
6　スープを適量とり冷まし、葛を溶いておく。
7　粥用にスープを温め塩少々を加える。6の葛でとろみをつけ、とき卵を加える。
8　炊いた粥を椀に盛り、7をとろりとかける（写真下）。

鶏のブイヨンについては『あなたのために――いのちを支えるスープ』で、写真入りで解説している。

【箸休め】
青菜のごまあえ（158ページ）

季節の青菜を添えます。青菜は下処理で葉と軸を分けて塩ゆでします。なぜなら葉と軸は異質なもので、葉は葉の、軸は軸の味わいと食べ心地を持つからです。ごまあえのあえ衣は、あたりごま大さじ三に対し、みりん大さじ二、砂糖大さじ一、塩小さじ⅓〜½、しょうゆ小さじ1½〜二。

【箸休め】
にんじんの酒炒り（158ページ）

そのままでも素直においしいにんじんの酒炒り。和洋どちらにも応用ができる常備菜です。

にんじんのせん切り（にんじん大二本分）に酒（日本酒、白ぶどう酒、梅酒など好みのもの）大さじ二をふりかけ、平鍋で炒りつけ、ややしんなりしてきたら白梅酢小さじ二をふりかけます。歯ざわりを残して火を止め、バットにあけて熱気を取ります。

しじみコンソメの玄米粥（159ページ）

貝のすまし汁は、皆さんお手のものですね。もう一歩踏み込んで、貝殻の栄養も、もらえるのではないかというねらいはいかがなものでしょう。この欲が、このコンソメを生みました。

しじみを丁寧に洗い、酒で口を開け、香味野菜を添えて炊き出す――香味野菜とは、なんてこうさんなんでしょう。

■材料

［しじみコンソメ（作りやすい分量）］
しじみ　1kg（塩、レモン汁各適量）
白ぶどう酒　1カップ
玉ねぎ（2mmの薄切り）　100g
にんじん（3mmの輪切り）　50g
セロリ（3mmの薄切り）　50g
ローリエ　1枚
パセリの軸　2〜3本
白粒こしょう　5〜6粒
水　5〜6カップ
［粥（しじみコンソメを適量使用）］
玄米、みそ、せり　各適量

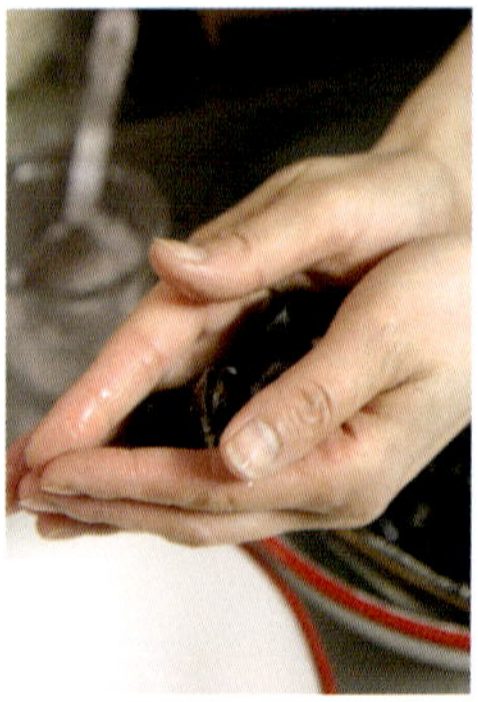
1

2

■作り方

1　汚れを吐かせたしじみは、ざるに上げる。塩をふり、貝と貝をこすり合わせて磨くように洗い、水洗いして貝殻の汚れを除く(写真1)。これを二〜三回繰り返す。最後にレモン汁をふりかける。

2　鍋に1のしじみを入れ、白ぶどう酒を入れる(写真2)。ふたをして強火にかけ、口を開かせたら、貝の上に香味野菜(玉ねぎ、にんじん、セロリ)、ローリエ、パセリの軸、白粒こしょうを入れ、貝の上三センチくらいまで水を加える。

3　煮えがついたら、火を弱めて二五〜三〇分ほど、しじみのエキスが充分滲出するまで静かに炊き出す(写真3)。途中、アクを丁寧にすくう。スープの味に満足したらスープをこす(写真五四ページ)。しじみの身は貝殻から取り出して、箸休めの材料とする。

4　玄米は三〇分ほど水につけてざるに上げる。土鍋に玄米としじみコンソメを適量入れて炊く。

5　玄米がやわらかくなったところにみそを入れて仕上げる。薬味にせりの細々を添える。

3

【箸休め】

しじみと青ねぎのかき揚げ(159ページ)

出汁がらの貝の身は取り出しねぎを添え、一口かき揚げにして、粥の箸休めにします。

かに粥（160ページ）

「牛コンソメの葛引き粥」（一七四ページ参照）同様に、粥をかに入りの葛あんでくるんでいただきます。作り方は、鍋にかにのむき身、しょうが汁、酒を入れて温め、そこに一番出汁を加えて塩で調味し、葛を引きます。炊き上げた粥に、この葛仕立ての汁をたっぷりかけます。薬味は三つ葉の細々。

【箸休め】かにの共あえ（160ページ）

取り出したかにみそと、ほぐしたかにの身をあえ、しょうが汁、酒、薄口しょうゆ少々で調味し、小鉢に盛ります。

かつおのあら汁　みそ仕立て（161ページ）

坂本龍馬はかつおのあら汁で暮らしていたと耳にしたことがあります。いつか「魚介」「肉類」からたんぱく質をとりにくい時代が来るのではないか。そんな予感が以前からありました。

高知のかつお節工場で、大量に捨てられていたかつおのあらや血合いを前にした時、どうにかして生かせないものかと考えて、生まれたのが、このあら汁と、後述する血合いのおなめです。かつおのあらのくせを抑え、栄養的にも充分なスープ。時代への危惧が生み出したものです。今回はこのスープをみそ汁に仕立て、菜飯と共にいただきます。

自分たちのいのちは自分たちの能力で守る。自衛的に生きる稽古をせねばなりません。

■材料

かつおのあら　2〜3尾分（塩、レモン汁各適量）
玉ねぎ（2mmの薄切り）　170g
にんじん（3mmの薄切り）　120g
セロリ（3mmの薄切り）　120g
ローリエ　2〜3枚
パセリの軸　2本
粒こしょう　10粒〜
泡盛　½カップ
［みそ汁］
大根、みそ　各適量

1

2

■作り方

1　かつおのあらは、軽く塩をして、レモン汁をふりかけて(写真1)、一時間ほど冷蔵庫に入れる。これを焼く(写真2)。

2　鍋に焼いたあらを入れ、泡盛をふりかけながら鍋をあおる(写真3)。泡盛はアルコール分が強いので、煮るようにしながらアルコール分を飛ばし、あらに酒をまとわせる。

3　2の鍋に水、玉ねぎ、にんじん、セロリ、ローリエ、パセリの軸、粒こしょうを加える。水の量は、具材がひたひたになるように(写真4)。初めは中火、煮えがついたら弱火にして、骨のエキスを炊き出す。途中、アクを丁寧にすくう。

4　うまみが引き出されたところで、スープをこす。澄んだスープは濃厚な味わい。

5　このスープに、作りおきしたふろ吹き大根を取り合わせて、みそ仕立てにする。

菜飯

(161ページ)

大根葉は実に栄養価に富んでいます。ぜひ、有機無農薬のものを手に入れ、賢く食べていただきたい。一番外側の粗葉、その内側の中葉、そして、中心部の柔葉と、それぞれの性を知って、使い分けます。

外側の粗葉はパリパリに揚げて、大根おろしに添える。苦みも歯ざわりもほどほどの中葉は、炒め物に。くせが最も少ない中心部の柔葉を菜飯に用います。

葉は軸と葉の部分を切り分け、たっぷりの塩湯で、それぞれさっと湯引きます。冷水にとり水気をしぼり、細々に刻み塩をふります。炊きたてのご飯にさっくり混ぜ込みます。

3

4

寄せ鍋

（162ページ）

フランスの家庭では暖炉に「ポトフ」をかけ、人々はいのちを守り、日本では暮しの中心に炉端がありました。そして、北の昆布と南のかつおがいつとはなしに一つとなり、できた「出汁」は、民族の遺産的食方法といえます。

季節の恵み——野のもの、山のもの、海のもの、川のものを、取り合わせながら出汁で食べていく「寄せ鍋」は、日本的なごちそうです。一番出汁はたっぷり用意しておき、下ごしらえした材料を、相性を考えながら少しずつ火を通していただきます。

えびの飛龍頭は、家庭で自製すればまた格別です。

■寄せ鍋の材料（人数に合った分量を用意）

鯛、はまぐり
鶏肉、うずらの卵
生湯葉、あわ麩、はんぺん
白菜、小かぶ、ブロッコリーの軸、にんじん、さやえんどう、しいたけ、せり
一番出汁（1人前最低2カップ）
塩、薄口しょうゆ、レモン、オリーブ油　各適量

■作り方

1　すまし汁を用意する。一番出汁をたっぷり用意して、塩と薄口しょうゆで調味する。

2　鯛は薄塩をしておき、食べやすい大きさに切って、レモンの薄切りを浮かべた熱湯で湯引く。表面がうっすらと白くなったら引き上げ、水にとる。氷水に移して身をしめたら、水気を拭き取る（写真1）。

3　はまぐりはきれいに洗う。

4　鶏肉は、熱湯に浸してしぼったふきんできれいに拭き上げ、レモン汁をふりかけて臭みを取ってから、食べやすい大きさに切る。

5　うずらの卵はゆでて殻をむく。生湯葉、あわ麩、はんぺんは食べやすい大きさに切る。

6　白菜は葉と軸を分けて別々に塩ゆでし、冷ましてから、それぞれ食べやすい大きさに切る（写真2）。

7　小かぶは皮をむいて食べやすい大きさに切る。鍋に水、塩とオリーブ油各少々を入れて、かぶを水から七分どおりゆで、ざるに上げて余熱で火を通す（写真3）。

8　ブロッコリーの軸、にんじんは食べやすい大きさに切って、塩ゆでしておく。さやえんどうも塩ゆでしておく。

9　しいたけは軸を切り落とし、一口大に切る。せりも食べやすい大きさに切る。

1

2

3

■えびの飛龍頭の材料

生地

木綿豆腐　2丁（700g）

芋類のすりおろし（自然薯、つくね芋、里芋など）

大さじ4（40g）

卵黄　2個分

小麦粉　大さじ4

塩　小さじ½

具

さいまきえび　200g

ゆり根　1個

ぎんなん　10個

きくらげ　適量

揚げ油

■作り方

1　豆腐は、水きりする。まず小ふきんで下包みし、さらに厚手のふきんで包んで、まな板の間に挟み、重しをのせ、片側を高くして水気が流れるようにする。

2　この間に具の用意をする。えびは頭、殻、尾を取り、身の半量は細かくたたき、半量は一センチのぶつ切りにする。ゆり根はほぐして水にさらした後、細かく刻む。ぎんなんは殻から出してゆで、薄皮をむき、四つ割りにする。きくらげは水でもどして、細かく刻む。

3　豆腐が耳たぶくらいのかたさになったら布をはずし、すり鉢でする。ここにえびのたたいたものを加え、さらにすり、つなぎの芋のすりおろし、卵黄、小麦粉、塩を加えて、よくよくする。

4　3の生地にぶつ切りのえび、ゆり根、ぎんなん、きくらげを入れ、まんべんなく混ぜる。水で湿らせた手で直径五センチくらいの大きさに丸め、新しい揚げ油にすべり入れ、中火を保ってゆっくり揚げる（写真4）。

＊えびは、さいまきなら最高だが、冷凍ものならにおい消しに、レモン汁数滴を落とす。

■供し方

土鍋にすまし汁を張り、火にかけてまずは、鯛やはまぐり、野菜を彩りよく煮、銘々に取り分ける。魚介類のうまみが出たところで、次の具材を加える。一度目、二度目と、中身の違う変化のある味を楽しむことができる。

4

【箸休め】

炒りぎんなん（162ページ）

作り方は一八五ページ参照。

とろろ汁（１６７ページ）

自然薯、つくね芋、いちょう芋、長芋。芋を生で食べる民族は、おそらく日本人以外にいないでしょう。芋は米が登場する以前から日本人にとって貴重な食べものでした。

たんぱく質の消化吸収を助けるぬめり成分のムチン、ビタミンB群やカリウム、食物繊維がバランスよく含まれている食材です。消化促進と体力回復に効果のある酵素、アミラーゼとカタラーゼも含まれており、肉体疲労時や胃腸が弱った時に食べるとよいともいわれています。カタラーゼは活性酸素を除去する酵素であり、加齢とともに体内での生産量が少なくなっていくものなので、意識的に召し上がっていただきたい。元気に働くための活力源であることを見直したい。

芋はすり鉢に直にすりつけておろします。私が使っているすり鉢は、筋目がしっかり立ちおろしやすいものです。

麦飯は是非無農薬の大麦を使って炊くことをおすすめします。米三カップに半カップの麦が麦飯の割合です。

■材料

山の芋　1個（今回は３５０ｇくらいのつくね芋を使用）

卵黄　1個分

ねぎ、のり、わさび　各適量

［八方つゆ（基本の分量）］

出汁　2カップ

酒　1カップ

みりん　⅔カップ

しょうゆ　½カップ

■作り方

1　八方つゆを作る。鍋に酒、みりんを入れ煮きり、しょうゆと出汁を加え煮立たせないように火入れする。八方つゆは冷蔵庫で一週間ほどもつ。

2　芋は皮をむき、すり鉢の側面に押しつけるようにしてすりおろす。さらにすりこぎでよくすり、卵黄を加え、つやが出てなめらかになるまでする（写真一六四、一六五ページ）。

3　冷ました八方つゆを2に少しずつ加え、好みのやわらかさにすりのばす。芋によって、その粘りは異なるので、芋の力を見極めてのばし方を加減する。

4　麦飯にとろろ汁をかけ、薬味として、さらしねぎ、のり、わさびを添える。

すり鉢は「ＳＤ企画設計研究所」（☎０４５－４５０－５３３１）にて購入可。

【箸休め】
しめ鯖の焼き物（167ページ）

鮮度のよい鯖でしめ鯖を作っておくと、箸休めや酒肴、お弁当など多様に使えます。むろん鯖ずしにも。

■作り方

1　鯖は三枚におろしてざるに並べ、両面とも表面が真っ白になるくらいまで塩をふり、三〇分〜一時間おく。

2　鯖をさっと水洗いして塩を流し、酢で洗う。バットに酢、しょうが、レモン二、三片を入れ鯖を漬け、二〇〜三〇分おく。時間は身の大きさと用途によるが、最大限五〇分。適当な大きさに切った鯖を焼き、酢取りしょうがを添える。

【箸休め】
炒りぎんなん（168ページ）

古くから咳止めや夜尿症予防、滋養強壮に役立ってきたというぎんなん。こういう食材を手放すことなく次世代に伝えていきたい。

ぎんなんは殻に割れ目を入れ厚手の鍋（ほうろくや陶板がよい）でじっくりから炒りします。酒をゆっくり飲みたい時、殻を割るなどの間があって、手持ち無沙汰になりません。鍋物の相手にもよいものです。

＊まれに中毒を起こすことがあるため、五歳未満の子どもには五粒以上食べさせないほうがよいともいわれています。

【箸休め】
炒りむかご（171ページ）

むかごの旬は一一月頃。家では、盛夏のテラスの照返しを和らげるため、手すりにむかごが絡むようにしてあります。この日よけ用、七、八本の仕掛けから毎年二升ほどのむかごを収穫。山芋の香りがふうわりと立つむかご飯にしたり、炒りむかごにしたり。

よく洗ったむかごを炒り、塩を添えます。野趣に満ちた炒り物。

【箸休め】
柚子の砂糖がけ（171ページ）

霜にあたりふかふかになった柚子を、露をしぼり、皮なり薄く刻みます。小鉢に盛り、蜂蜜または砂糖をかけただけのもの。食べる時はよく混ぜ、そのしっとりを少しずつ口に運ぶ。この料理とはいえないような一種の食べ方は、黄柚子の季節の私の定番となっています。

不思議なほど日本酒にやさしく添い、数々の料理の間合いに口を清新にする役目も果たします。

【箸休め】
かつおの血合いのおなめ（173ページ）

最近私がもったいないと思っているものの一つに、かつおの血合いがあります。栄養価が高いところなので、レバーペーストのようなものができないかと思い、考案しました。力強いおなめです。

■材料

かつおの血合い　1尾分（塩少々、レモン2片、しょうがの薄切り少々）
ししとう（みじん切り。種もとりおく）　⅓カップ
ねぎの類（にらや青じそなども。すべてみじん切り）　½カップ
しょうが（みじん切り）　大さじ3
泡盛　⅓カップ
八丁みそ　½カップ
オリーブ油　適量

■作り方

1　かつおの血合いには、あらかじめ、軽く塩をして、レモン汁をふりかけておく。

2　フライパンにオリーブ油と薄切りのしょうがを入れ香りを出したら、1のかつおを入れて、表面のみを焼き固める（写真1）。これはかつおを細かく切る時に、身から血を出さないための手当て。

3　焼いた身は、五ミリの角切りにする（写真2）。

4　鍋にオリーブ油を入れ、みじん切りのしょうがを炒め、ししとうの種も加えて、弱火でじっくり炒める。続いてししとう、ねぎの順に加え、しんなりと炒まったら3のかつおを投じ、さらに炒め合わせる（写真3）。

5　4に火が通ったと見たら、泡盛でデグラッセする。

6　5の中央を広げ、油を足し、八丁みそをすかさず落とす。みそを少し焼きつけ、香ばしくなってきたら、具材と炒め合わせる（写真4）。みそを入れる前、水分が足りないようなら、水少々を加える。

1

2

3

4

愛というものは共通の体験をしたがるものです。

病人に見合ったものを作ってあげられるということは、苦しみを分かち合うことになる。スープの真意は、作って差し上げる相手のいのちだけでなく、作る人自身をも支える、ということです。病気の痛み、辛さを代わってあげることはできないけれど、手間と時間をかけてスープを作る、手足を動かすことが、作る人自身を救う。

食べる人以上に、作ってあげる家族が落ち着くんです。

私のお弟子さんですが、旦那さまが胃ガンの手術をなさったあと、こうおっしゃったんですね。「私は先生に教えていただいた野菜のコンソメで、闘ったんです。あれをもって、私は一歩もたじろがないで、病気に立ち向かうことができました」と。

毎日の食べもの――いのちを守り支える――は
愛の表現そのもの。
愛する者の糧を得るために働く男たち。
その働きを、実際の食べものにする、女の努力。
働きも努力も、涯《はて》しなく感じるかもしれぬが、
この幸せは、長いようで短い。

人が愛ゆえに、作ったり、食べさせてもらったりする日々。
過ぎてしまえばなんと短いことでしょう。

春を待つ人々の心根は、
もえ出ずる
とりどりの新たないのちに
自分のいのちを重ね、
一つの光の中で共に息づく、
その喜びをこそ
仰ぎ求めているような気がする。

おわりに

書き終えて、マラソンを終えたような心地がする。
心は、ただ感謝に溢れている。

第一に、書き終えうる条件を備えてくださった神に感謝。
そして、病を識る細谷亮太先生が、おやさしく心を尽くして
御序文をお書きくださり、お粥とスープは光栄でございました。
前著から、理解深く写真製作をしてくださった、小林庸浩カメラマン。
料理製作にあたって、賢く、冷静に助手をした、対馬千賀子さん。
そして、見守り役の編集者、飯尾俊子さん。
加えて、常に、よきことを願い続けてくださる、愛するお弟子さん方。

今後、スープは、時代性を帯び、著書二冊は、時代の要請に役立つと思う。

皆々様、ありがとうございました。

辰巳芳子 たつみ・よしこ

一九二四年、東京生れ。料理研究家、随筆家。聖心女子学院卒業。料理研究家の草分けだった母、浜子のもとで家庭料理を身につける。また、宮内省大膳寮で修業を積んだ加藤正之氏にフランス料理の指導を受け、イタリア、スペインなどで西洋料理の研鑽も積む。父親の介護の経験からスープの大切さに気づき、鎌倉の自宅などで「スープの会」を主宰。近年は、病院へスープをと、医療者のためのスープ教室にも尽力している。NPO法人「良い食材を伝える会」会長。NPO法人「大豆100粒運動を支える会」会長。著書は『あなたのために――いのちを支えるスープ』『庭の時間』『仕込みもの』(すべて文化出版局)、『スープ日乗――鎌倉スープ教室全語録』(文藝春秋)など多数。DVDとしてスープ教室二〇年記念「辰巳芳子愛の教室」がある。

•「スープの会」の問合せは「良い食材を伝える会」まで。
電話　〇三―三四二三―六〇八〇
(水曜一〇時～一三時常駐)
FAX　〇三―三四二三―六〇八五
Eメール　info@yoishoku.com

本書は、『ミセス』(文化出版局)二〇一五年一月～一二月号で不定期連載したものに、新たな料理とエッセイ等を加え、再構成したものです。

料理製作スタッフ　対馬千賀子　齊藤正子
校閲　位田晴日
DTP　堀内 誠(文化フォトタイプ)
写真協力　深澤 武(アイノア・26、27ページ)
「和樂」(小学館・32ページ)
編集　飯尾俊子
青戸美代子、浅井香織(文化出版局)

続 あなたのために
お粥は日本のポタージュです

発行　二〇一七年二月一九日　第一刷
著者　辰巳芳子
発行者　大沼 淳
発行所　学校法人文化学園　文化出版局
〒一五一―八五二四
東京都渋谷区代々木三―二二―一
電話　(〇三) 三二九九―二五六五 (編集)
(〇三) 三二九九―二五四〇 (営業)
印刷所　凸版印刷株式会社
製本所　大口製本印刷株式会社

文化出版局のホームページ　http://books.bunka.ac.jp/